WOMEN'S SPRINGBOARD

„Ich bin kein Bürger von Athen, sondern der ganzen Welt"

Aristoteles

Welche universellen Aspekte
verbinden verschiedene Völker und Kulturen?

„Jede neue Lösung eines Problems durchläuft drei Phasen
in der Gesellschaft: Man lacht über sie, man bekämpft sie,
und dann wird sie als selbstverständlich angesehen."

Arthur Schopenhauer

Alexandra Sitch

Die Natur als trojanisches Pferd

Empathische Kommunikation für erfolgreiches Leadership

WOMEN'S SPRINGBOARD

© 2019 Alexandra Sitch

Verlag: Women's Springboard, Ulrike Weigel, Straße des Friedens 17, 07381 Pößneck
Druck und Vertrieb: tredition GmbH, Halenreie 40-44, 22359 Hamburg

ISBN
Paperback: 978-3-96496-000-9
Hardcover: 978-3-96496-001-6
e-Book: 978-3-96496-002-3

Bibliografische Information der Deutschen Nationalbibliothek: Die Deutsche Nationalbibliothek verzeichnet diese Publikation in der Deutschen Nationalbibliografie; detaillierte bibliografische Daten sind im Internet über https://dnb.d-nb.de abrufbar.

Inhaltsverzeichnis

Prolog

Das Gemälde im Zimmer meiner Großeltern hatte immer schon Eindruck auf mich gemacht: eine Ballerina, die genauso aussah wie meine Großmutter in jungem Alter. So wollte ich auch sein. Träumerisch, selbstsicher und weiblich, mit der Freiheit ich selbst zu sein, weibliche luftige Röcke zu tragen und über Musik und Gefühle zu reden und darin ernst genommen zu werden.

Der schöne irische Setter meines Onkels – Ich liebte ihn und machte so viel wie möglich zusammen mit dem Freundchen. Die Familie konnte diesen Kontakt nicht gleich verstehen, ein Hund ist ja nicht so sauber, und man sollte vorsichtig sein, um nicht durch Bazillen krank zu werden.

Meine ersten Reitstunden als kleines Mädchen – ein Bauernhof mit Reitlehrern, die laut durch die Halle schrien und dadurch die Pferde erschreckten. Regelmäßig galoppierten die ängstlichen Pferde davon, und ebenso häufig stürzten die Kinder vom Pferd herunter. Ich selbst war etwas schüchtern den Pferden gegenüber und sehr vorsichtig beim Reiten. Ich empfand die unruhige Halle mit Pferden als eine Art wilde Arena. „Du solltest der Boss sein!", schrie der Lehrer. Kein Wort über Einfühlungsvermögen für die Pferde oder Kenntnisse über deren Psychologie. Sollte der Mensch wirklich der Boss sein? Da stimmte doch etwas nicht?

Manchmal gab es Streit zwischen den Kindern, ohne Grund. Ich schlug den Mädels vor, über die bestehenden Probleme oder Missverständnisse zu reden. Es wurde geschmunzelt, aber nicht darauf eingegangen; das Getuschel hinter den Rücken vieler Kinder ging weiter.

Der Religionsunterricht in der Schule – Lieder und Texte darüber, wie bescheiden und untertänig der Mensch eigentlich sein sollte.

Der liebe Gott würde dann alles zum Besten organisieren. War dies wirklich die richtige Einstellung für den Menschen?

Als Kind hatte ich häufig das Gefühl, dass vieles im Leben nicht stimmte. Bestimmte Überzeugungen schienen mir irgendwie nicht realistisch zu sein. Sie entsprachen nicht meiner Intuition, aber sich dagegen zu wehren, bedeutete meistens, dass man als etwas verrückt oder merkwürdig angesehen wurde, weitab von der „Realität". Aber wessen Realität?

In dieser frühen Kinderperiode ist es meistens schwer, sich über Gefühle und Situationen zu äußern. Man möchte ja sympathisch und nett rüberkommen und seine Sicherheit nicht verlieren, und deswegen fängt man schon ganz früh an, sich bestimmten Erwartungen zu fügen.

Das größte Kindertrauma ist wahrscheinlich das Aufgeben der Intuition, des kritischen Geistes. Ich bin mir sicher, dass viele dieser Generation sich hierin wiedererkennen. Viele sind mit einer Art Konditionierung aufgewachsen, die durch die Weltkriege, das Verarbeiten von Traumata, von Opfer und Angreiferkomplexen, durch die Konventionen und allgemeinen gesellschaftlichen Erwartungen geprägt wurden; z. B. dass man „weiter"-kommt und die gesellschaftliche Leiter emporsteigt, dass man Kapital aufbaut und von der Außenwelt als „korrekt" angesehen wird – oft unabhängig von persönlicher Authentizität und universeller Ethik.

Im Geschäftsleben war das Ziel bisher ebenso deutlich umschrieben; es geht meistens um das Generieren von Gewinn, wobei leider der wichtige Einfluss des Privatlebens auf das Berufsleben vergessen wird. Gerade in diesem Fall leidet ein Unternehmen durch Mangel an Motivation oder Krankenabsenz.

Und die ständig fortschreitende Digitalisierung der Gesellschaft wird ebenfalls Konsequenzen haben. Werden genügend menschliche und universell nuancierte Elemente dabei appliziert? Sollten nicht wichtige menschliche Fähigkeiten in dem Prozess unbedingt in Betracht gezogen werden? Oder werden Menschen nach dualistischen Kriterien aufgeteilt, die eine Person entweder als schlecht oder als gut kategorisieren?

Was ich in meinem Leben immer mehr wollte, war Freiheit; die Freiheit ich selbst zu sein, um meine eigenen Fähigkeiten weiterentwickeln zu können. Ist dies nicht das Bedürfnis der meisten Menschen, die Freiheit zu haben, sich authentisch entwickeln zu können, mit Empathie für sich selbst und für andere, ohne Verurteilung oder Konditionierung in allen Bereichen des Lebens? Auf welche Weise kann uns dabei geholfen werden?

Von einer Makro Welt zu einer Mikro Welt

Am Sonntagabend sitzt Stephan in seiner Villa. Er ist gerade zurück aus einem Luxus-Urlaub auf Madagaskar. Dort verbrachte er eine Woche mit seiner Frau inmitten einer fabelhaften Natur am Schwimmbecken. Seine Frau redete leider nicht viel mit ihm, was ihn nicht wirklich störte, solange er in Ruhe mit seinem iPad arbeiten konnte, um seine Mails zu beantworten und über seinen neuen Bayliner nachzudenken. Für Anrufe hatte er eine Weiterleitung an sein Büro geschaltet. Dennoch hatte er das Gefühl, er müsse noch an manchen Projekten auch im Urlaub weiterarbeiten, insbesondere, weil seine Team-Mitarbeiter überfordert schienen oder nicht gerade motiviert wirkten. Einer seiner Mitarbeiter war schon einige Zeit krank. Stephan schickte ihm schnell noch eine Message über WhatsApp: „Gute Besserung, Udo!"

Er hatte schon Glück mit dem Rest der begabten Mitarbeiter, die seine Arbeit etwas auffangen konnten.

Trotz seinem beruflichen Erfolg, seinem Wohlstand und der wunderbaren Familie – seine Söhne hatten gerade ihre akademischen Titel bekommen – und einer vielversprechenden Zukunft fühlte Stephan sich nach diesem Urlaub erschöpft. Er spürte, dass er im Privatbereich weniger Glück hatte und seine Frau ihm fremd geworden war. Er kannte sich selbst nicht mehr.

Wie viele Menschen können sich in Stephan wiedererkennen? Das Leben ist so schnell und voller Routine. Es ist, als lebe man in einer Matrix, in der man bestimmt wird von Regeln und Erwartungen des Systems, von Protokollen, Druck und Deadlines.

Ja, wir leben in einer Welt voller Verwirrung durch die Globalisierung und die digitale Entwicklung. Wir alle haben Zugang zu verfeinerter Technologie. Dies bringt uns viele Vorteile, bietet uns aber leider auch eine sehr fragmentierte Welt. Wenn wir Hilfe bei einem Helpdesk brauchen, erhalten wir ein Optionen-Menü mit A, B oder C und andere Optionen, die vielleicht in diesem Fall zutreffend sein könnten. Ist keine Option brauchbar, gibt es oft keine Möglichkeit, mit jemandem zu sprechen. Es gibt Regeln und Gesetze für jedes System, mit dem wir arbeiten. Aber werden dabei die Gesetze des Lebens wirklich in Betracht gezogen?

Wir alle sind es schon gewohnt, auf mehreren sozialen Plattformen wie Facebook, LinkedIn, Instagram zu kommunizieren und dadurch in Kontakt zu bleiben mit unserem sozialen Umfeld – mit Freunden und Familie; wir schreiben Kommentare bei Postings und verteilen viele „Likes". Irgendwie ist es zur Norm geworden, einfach eine Pseudo-Wertschätzung für jemanden zu etablieren. Gleichzeitig posten wir gerne Bilder, um der Welt zu zeigen, wie erfolgreich, interessant und geschätzt wir sind, zumindest wie wir uns selbst gerne sehen möchten, ohne dass man sich auf ein tieferes Gespräch einlässt und dem anderen aktiv und interessiert zuhört. Vielleicht würde man selbst gerne seine eigenen Gefühle ehrlich und authentisch äußern?

Die meisten Unternehmen arbeiten mit fortgeschrittenen Lösungen im Management. Es geht oft um Prozesse, die Kommunikation optimieren, bei denen Menschen in eine Matrix voller Protokolle gezwängt werden, um die Effizienz zu erhöhen, ohne dass man dabei die individuellen Bedürfnisse beachtet. Hier handelt es sich eher um ein Streben nach Anerkennung und Wertschätzung, nicht nur mit finanziellen Mitteln, sondern mit individuellen Zielsetzungen und Ambitionen, die motivierend wirken. Gleichzeitig haben wir aber mit unbewussten, emotionalen Blockaden zu tun. Das sind seelische Narben und Glaubenssätze, die aus der Kindheit und dem Familiensystem stammen und die Erfahrungen geprägt haben. Diese unbewussten Überzeugungen und Muster sind leider häufig negativ behaftet, und die selbsterfüllenden Prophezeiungen erfüllen sich dann auch in mehreren Lebensbereichen. Sie äußern sich durch Störfelder in der Kommunikation und in Beziehungen und haben dadurch einen negativen Einfluss auf die Team-Synergie, auf das optimale Funktionieren eines Unternehmens und sogar auf die Gesellschaft.

In einer Studie von Dr. Travis schneiden die Manager im Mittelmanagement in Sachen emotionale Intelligenz und Empathie für den Mitarbeiter – und natürlich auch für sich selbst – noch ausreichend gut ab. Doch im Topmanagement sind die Ergebnisse bei Tests der emotionalen Intelligenz dramatisch schlecht:

Die Annahme ist hier, dass der Manager mit einem hohen EQ derjenige ist, bei dem Mitarbeiter gerne arbeiten möchten. Die Situation ändert sich aber drastisch, wenn wir uns die Lage nicht nur beim Mittelmanagement, sondern auch beim höheren Management ansehen.

Für die Direktoren und andere Angestellte in führenden Positionen sinken die Ergebnisse des EQ drastisch; CEOs haben im Allgemeinen die niedrigsten EQ-Ergebnisse im Arbeitsfeld. Es ist aber eine Tatsache, dass die CEOs mit den besten Leistungen im Unternehmen diejenigen mit dem höchsten EQ sind. Man erzielt mit einem niedrigen EQ vielleicht eine Promotion, wird aber in der Ausführung seiner Aufgaben weniger gut abschneiden!

Im Geschäftsleben führt der Mangel an Verbindung zwischen den Menschen, innerhalb der Teams und fehlende Wertschätzung sowie emotionaler Intelligenz bei Managern zu unangenehmen Folgen.

Ein unmotiviertes Team erzielt weniger positive Ergebnisse. Mitarbeiter fühlen sich oft alleine gelassen und Mobbing – wie sogar schon in der Schule erfahren – ist leider keine Ausnahme. Wer es in der Schule erlebte, nimmt die Erfahrungen und daraus resultierendes Verhalten mit ins Berufsleben. Deswegen ist ein empathischer Manager und systemisches Coaching für Teams unbedingt notwendig, um die Dynamik zu analysieren und zu optimieren für nachhaltige Erfolge der Unternehmen.

Eine Studie von Tiffany Jones und Dr. McCoy aus den Vereinigten Staaten, sagt Folgendes hierüber:

Many managers engage in destructive behavior. Destructive behavior and the toxicity to others can do harm not only to other employees and the organization, but also to themselves. Managers who are narcissistic, unethical, rigid or aggressive, make working with them extremely difficult for others. Managers can ultimately cause serious damage to their organizations because they divert the good performance of others to decreased cooperation, a weakened morale and hurting other's performance which all lead to poor business decisions as a manager (Lubit, 2004). Managers with low EI do not have the ability themselves to promote a healthy EI within the workplace which leads minimal existence of EI presented by employees as well. [1]

Der moderne Mensch hat die Übersicht über das große Ganze irgendwie verloren, sein Gefühl für Kontext und Beziehungen, und unter diesen Umständen trägt er seine Frustrationen weiterhin mit sich durch das Leben. Er passt sich einer Art Fast-Food Kultur an und geht an der Essenz vorbei. Wir sind schon nach zwei Jahren Erfahrung ‚Senior-Spezialisten' in einem Bereich, aber dabei nur auf Fragmente fokussiert. Dies ist im Privatleben genauso der Fall. Depressionen und Burnouts, auch physische Probleme oder Krankheiten sind mögliche Folgen und nicht selten ein Zeichen dafür, dass die Persönlichkeit und/oder die Gefühle im Leben der Person nicht die notwendige Aufmerksamkeit bekommen haben.

---

1   Essays, UK. (November 2013). The Lack Of Emotional Intelligence In The Workplace Business Essay. Retrieved from https://www.uniassignment.com/essay-samples/business/the-lack-of-emotional-intelligence-in-the-workplace-business-essay.php?vref=1

Vielleicht eine neue Software „Salomons Ring 1.0"

Viele Manager fühlen sich mit ihrer Arbeit voller Stress überhaupt nicht mehr wohl, kommen irgendwie nicht mehr zurecht mit ihren Kollegen, ihren Deadlines und dem Zeitdruck und haben dadurch kein Privatleben mehr, schon gar kein glückliches. Gleichzeitig müssen sie sich forciert präsentieren wie eine Art Abziehbild von Steve Jobs – oder wünschen sich diese Rolle wenigstens – obwohl sie es im tiefsten Innern als eine Farce empfinden. Liegt es nur am Kompetenzmangel? Ist es das falsche Unternehmen? Oder gibt es zu viele Engpässe im Team?

Schauen wir uns die Szene mit Stephan an:

Seine Schritte machten ein sanft federndes Geräusch auf dem erdigen Boden des Waldes. Die Sonne schien diffus durch das gelbliche Laub der Bäume. Nur das Zwitschern einiger Vögel und das Brummen eines Autos in der Ferne waren zu hören. Stephan hatte sein Büro nach der Versammlung mit dem Team verlassen; das Hauptthema war wieder das Agile Management System gewesen. Die größten Sorgen machte er sich um die Spannungen im Verkaufsteam und die Auseinandersetzungen über die beste Methode. Einer seiner Mitarbeiter hatte aus Wut die ganze Zeit nichts gesagt und nur vor sich hingestarrt. Diese unangenehmen Konflikte hatten schon Konsequenzen für die Kunden gehabt; ein großer Fehler bei der Bearbeitung sorgte für Kundenverlust durch Produzentenwechsel.

Während des Meetings erhielt Stephan mehrere Nachrichten seiner Frau, worin sie ihn gebeten hatte ein Rezept beim Arzt abzuholen. Sie litt schon einige Zeit unter Angstanfällen und hoffte auf Besserung durch neue Medikamente.

Als Stephan nach Hause kam, war sie in Tränen aufgelöst und böse über seine wenig mitfühlende Haltung. Sie klagte: „Du behandelst mich wie einen deiner Mitarbeiter." „Du redest überhaupt nicht mit mir!" „Was erwartest du eigentlich vom Leben?" „Ich habe nur noch Kontakt zu dir über Handy oder iPad, und du bemerkst mich nicht mal!" „Ich hätte genauso gut alleine in Urlaub fahren können!" Sie schlug die Haustür hinter sich zu und verschwand mit ihrem kleinen Porsche um die Ecke.

Ein Gefühl der Wut kam bei Stephan auf. Er war ja immer großzügig ihr gegenüber gewesen, hatte ihr immer das Schönste und Eleganteste gekauft. Wie konnte sie es wagen, so mit ihm zu reden!

Sie hatten einander vor langer Zeit im Tennisklub kennen gelernt. Damals teilten sie noch viele Hobbys und schmiedeten Pläne. All das war ganz unbemerkt verblasst und in den Hintergrund verdrängt worden; ihre gemeinsamen Aktivitäten wurden immer weniger. Stephan hatte dieses Unternehmen gekauft, hart gearbeitet und mit seinem guten Team und auf dem boomenden Markt ziemlich viel Erfolg gehabt. Schöne Zeiten zu zweit gab es aber nicht mehr.

Stephan blickte durch die Bäume und sah ein paar fröhlich spielende Stare zwischen den Zweigen, während eine Elster in der Nähe ein gemütlich hackendes Geräusch von sich gab. All diese Vögel schienen ihren Platz im Leben gefunden zu haben und fragten sich nicht, ob sie es richtig machten; sie waren einfach da und nahmen Teil am Leben. Stephan fühlte, dass er sich bei diesem Anblick etwas entspannen konnte und von den heutigen Konflikten etwas Abstand erlangte. Sagte nicht mal ein guter Freund zu ihm „In der Natur hat man die beste Verbindung"?

Natürlich sollten Umsätze realisiert und Geschäftsdaten kontrolliert werden, aber wie kann man sich trotz aller täglichen Belastungen optimal fühlen und das richtige Gleichgewicht erhalten, um alles meistern zu können? Trotz Management-Kursen oder neuer

Control-Gadgets, die das alles viel einfacher machen, fällt es schwer, Werte wie Empathie, Anerkennung, Wertschätzung und Dialoge, z. B. Worte als Ausdruck der Würdigung eines Kollegen zu pflegen und darüber hinaus Freiräume und Freizeit zu schaffen, um einfach Mensch sein zu können. Die Pflege einer gesunden Gefühlswelt, einer sicheren Balance mit seinem Inneren, macht Menschen viel motivierter, inspirierter und kreativer auch beim Finden von Lösungen, und sie erbringen dadurch höhere Leistungen. Viele Studien belegen eindeutig, dass das Reduzieren der Arbeitszeit, Mitarbeiter viel motivierter und effizienter macht. Erfolge werden schneller realisiert und die Ziele erreicht.

Und gerade um diese Balance zu etablieren, brauchen wir die Verbindung mit uns selbst. Und wo finden wir dies am besten ...

... in der Natur,

... wo wir uns frei, unkompliziert und akzeptiert fühlen. Man bemerkt sofort, dass es ein Unterschied ist, ob ein Gespräch im Büro oder außerhalb geführt wird. Weshalb werden viele Team-Building-Sessions gerade in der Natur, im Freien organisiert? Weshalb wollen zurzeit immer mehr Unternehmen mit der Natur, mit Nachhaltigkeit in Verbindung gebracht werden?

Nachhaltigkeit ist ja nicht nur Respekt vor Natur und Umwelt, sondern besonders Respekt auch vor dem Menschen und den menschlich ethischen Werten. Offenbar spürt man doch irgendwie, dass wir einige Soft Tools im Geschäft und in der Gesellschaft brauchen. Nicht ausschließlich, weil das Gesetz es verlangt oder weil es trendy wäre, sondern weil wir immer mehr fühlen und empfinden, dass eine rein profitorientierte Gesellschaft, in der nur Leistung und Geldes zählen, uns nicht genügt.

Jeder Mensch, jedes Wesen sucht nach Gleichgewicht und Harmonie.

Wir können tatsächlich viel von der Natur lernen: alles ist Teil eines größeren Ganzen, hat eine Funktion und seinen Platz im Leben. Tiere handeln nach ihrem Instinkt, ihren Sinnen auf eine inter-konnektierte Weise. Dies ist ein natürliches System, an dem der Mensch ja auch teilnimmt und mit dem er verbunden ist; nur hat er dies schon längst vergessen und damit seinen eigenen ursprünglichen Platz im Leben. Tiere kennen ihren Platz, sie stellen sich keine Fragen und leben ihr Leben, sind sich instinktiv ihrer Funktion bewusst. Wissenschaftliche Studien belegen, dass sie über Sensibilität verfügen; sie wissen, fühlen und hören viel mehr als der heutige Mensch. Das macht sie zu einem Teil einer größeren Realität.

Pferde zum Beispiel haben schon immer in Gruppen gelebt und sogar im Stall diesen Gruppengefühl nie verloren. Die Gruppe stand immer für Sicherheit und Überleben. Diese Tatsache kann man gerade beim Coaching anwenden – speziell auch für managementbezogene Themen. Jedes einzelne Pferd mit seinen individuellen Qualitäten ist von Bedeutung für die Gruppe; mit seiner Funktion nimmt es einen wichtigen Platz in der Hierarchie ein. Wenn ein Pferd schwächer ist, werden – mehreren Studien zufolge – die anderen Pferde dieses schwächere Glied der Gemeinschaft kompensieren und fördern. Es ist deswegen auch im Interesse der ganzen Gruppe, dass jedes Pferd sein volles Potenzial nutzt. Interessanterweise helfen die anderen Pferde dem schwächeren durch Körpersprache und Vibrationen, dieses Ziel zu erreichen.

Der Mensch besitzt obendrein noch den Verstand. In unserer dynamischen Gesellschaft hat dieser offensichtlich, insbesondere unterstützt durch wohldurchdachte Systeme, die meistens nur einseitige Gewinne ermöglichen, die Regentschaft übernommen und das Gefühl, die emotionale Intelligenz, die über verbalen Austausch hinausgeht, sehr vernachlässigt oder in den Hintergrund verdrängt. In dieser modernen Gesellschaft hat der Mensch die Möglichkeit leider irgendwie verloren, mit seiner Intuition, also dem Bauchgefühl, in Kontakt zu treten und es positiv anzuwenden.

Es wird dadurch schwieriger, unser authentisches Potenzial zu entwickeln und zu nutzen, um einen besseren Kontakt zu uns selbst und anderen zu bekommen und damit auch adäquater auf Situationen zu reagieren und deutlich zu empfinden, wie stark wir alle voneinander abhängig sind. Der Verlust, das Scheitern einer Gruppe oder einer Partnerschaft hat automatisch Konsequenzen für uns selbst. Die ideale Voraussetzung, das zu verändern, wäre, die Intuition, die emotionale Intelligenz wieder mit dem Verstand zu verbinden.

Jede Kultur hat ihre eigene Bühne

Viele Jahre lang arbeitete ich bei Unternehmen in der interkulturellen Kommunikation in Europa und Asien. Es machte mir Spaß, diese Diversität zu spüren und daran teilzunehmen. Dank meinem multikulturellen Hintergrund verstand ich die unterschiedlichen sozialen Verhaltensnormen und Sprachen und konnte mich in mehreren Kulturen zu Hause fühlen. Während ich in Frankreich arbeitete, fühlte ich mich als Teil der französischen Kultur, wo oft lange über Visionen diskutiert und über den Werdungsprozess verhandelt wurde. In Deutschland hingegen musste ich mich mehr dem etwas formelleren System der Umgangsformen anpassen, in dem man bestrebt ist, das Ziel innerhalb kurzer Zeit zu erreichen.

Gleichzeitig wollte ich aber meine idealistischen Ideen pflegen und in der Kommunikation vermehrt nach universellen Werten – wie Respekt und Gleichberechtigung – streben, um eine Art Einheit in der Diversität zu erzielen. Ich bemerkte, dass ein Blick aus der Vogelperspektive mir die Möglichkeit gab, ärgerliche Situationen mit Menschen wegen rigider nationaler Haltung oder systemischen sozialen Codes zu relativieren.

Ein anderes Gefühl wurde bei mir immer prominenter: Worte in einem Gespräch sind nur ein Teil der Kommunikation oder das „Vermitteln von Energie" zwischen Menschen. Die nonverbale Botschaft, wie der Ton, die dahinterliegenden Überzeugungen und die nicht unbedingt in Worte verpackte Absicht, spielt gleichfalls eine äußerst große Rolle. Hatten Sie nicht auch manchmal das Gefühl, dass alles faktisch Wichtige in einem Dialog gesagt wurde, aber man irgendwie nicht zum Kern kam und mit einem leicht unzufriedenen Gefühl auseinanderging?

Allmählich geriet ich ganz automatisch immer mehr in die Mediation: das Lösen von Konfliktsituationen und das vorbeugende Coaching zur Vermeidung von Konflikten zwischen Parteien und Teams. Anstatt Geld für teure juristische Verfahren auszugeben, die oft nur zu Frustration und einem schlechteren Verhältnis mit der anderen Partei führen, wird ein Kommunikationsprozess eingeleitet, in dem man sich mit den Motiven des anderen befasst und ihm zuhört.

Die Tatsache, dass man gehört und verstanden wird, ermöglicht das Erarbeiten einer Lösung. Oft entstehen aber die gleichen Konflikte erneut, dann liegt die Ursache nicht selten viel tiefer. Manche Konflikte stammen nämlich schon aus der Erziehung, aus dem System, in dem man aufgewachsen ist; dies geschieht unbewusst, hat aber später einen großen Einfluss auf die Fähigkeit einen Konflikt lösen zu können. Das Projizieren von Angst, Wut und Schuldgefühlen und daraus resultierende Konflikte mit sich selbst müssen als erstes gelöst werden.

Die Mediation-Techniken und Coaching-Methoden basieren sich hauptsächlich auf Lösungsmöglichkeiten mittels des Verstandes. Das sind wohldurchdachte Theorien und Strategien, doch das Unbewusste, die Gefühlswelt, wird zum großen Teil außer Acht gelassen. Dies geschieht gerade in den Bereichen, wo Missdeutungen und unbewusste Gefühle als Ergebnis des Familiensystems gespeichert sind. Aber gerade diese Gefühle stellen die wirklichen Blockaden in der Konfliktlösung dar.

Ich war selbst das Produkt einer Erziehung durch Eltern, denen die intellektuelle Entwicklung und akademische Abschlüsse wichtig waren und das Intuitive eher Nebensache war. Einige Geschehnisse in meinem Privatleben änderten aber meinen Blick auf die Welt und zeigten mir gleichzeitig neue Möglichkeiten.

Ein neues universelles Element wird meinem Berufsleben hinzugefügt

Bei der anspruchsvollen Arbeit, braucht man gesunde Grenzen, um sein Gleichgewicht zu behalten und genügend Zeit, die man mit Aktivitäten und Menschen, die man mag, verbringen kann. Seit meiner Kindheit hatte ich eine große Liebe für Pferde und fing ziemlich früh, mit Reitstunden an. Ich empfand Respekt, sogar manchmal etwas Ehrfurcht vor ihnen, doch sie gaben mir ein Gefühl der Freiheit und vermittelten sehr positive Energie, selbst wenn ich mal nicht so gut drauf war.

An meinem 40. Geburtstag konnte ich mir endlich ein Pferd leisten: Quieto – ein Pferd, das mir den Eindruck vermittelte, ein Philosoph zu sein, ohne Stress, mit sanften Augen. Mit der Geschwindigkeit eines Sportwagens galoppierte er mit mir fröhlich am Wasser entlang.

Nach einiger Zeit adoptierte ich einen Andalusier mit dem Namen Juan, der dem Quieto wie ein Brüderchen war, und die beiden wurden mit der Zeit unzertrennlich und standen friedlich zusammen im Laufstall. Sobald ich Zeit hatte, stellte ich sie beide auf die Wiese der Ranch; ein offenes Gebiet, das in die wilde Garrigue-Landschaft überging, wo auch die Pferde des Ranchbesitzers grasten.

An einem Tag, als sie mit den anderen inmitten der grünen Wiese standen, kam eine andere Pferdebesitzerin zu mir. Sie war etwas irritiert und erzählte mir, dass sie ihr Pferd eigentlich auch hier hinstellen wollte, aber Angst hatte es zu den anderen zu lassen. Ich sagte ihr, dass sie sich sehr gut verstehen würden und ich dortbleibe, um die Situation im Auge zu behalten. Sie regte sich noch mehr auf und fing an, mich zu attackieren. In dem Moment, lief Quieto zu uns und stellte sich zwischen mich und die junge Frau. Dabei stand ich bei ihm in der Fohlenposition, die dem Schutz anderer Pferde in der Natur dient. Er hatte scheinbar gespürt, dass ich in dem Moment in einer verletzlichen Position war und wollte eine Balance kreieren, indem er sich dazwischen stellte.

Erst als ich mich wieder entspannt hatte, sagte ich zu ihr über Quietos Rücken hinweg: „Tut mir leid, aber ich werde dir gleich helfen, und wir können dann später alles noch mal besprechen." Danach entfernte sich Quieto und stellte sich hinter uns beide. Er neigte seinen Kopf und berührte sanft ihre und meine Hand, so als ob er sie zusammenbringen wollte. Es gab der Situation etwas Surreales, und die Spannung ließ allmählich nach.

Einige Zeit nach diesem Ereignis verstand ich immer mehr, dass Pferde unsere Energie und Verhältnisse sofort spüren und mit Gesten eine neue Balance herstellen wollen, wobei jeder sich seiner authentischen Kraft bewusst wird.

Eine Messe zum Thema Life- und Management-Coaching mit Hilfe von Pferden bestätigte meine Idee, und ich war davon überzeugt, dass dies das fehlende Element in der Mediations- und Coaching-Praxis sein könnte: In der Mediation und im Konflikt-Coaching erkannte ich während zahlreicher Sessions die Grenzen des Verstandes und begann mehr und mehr über Psychologie und den positiven Einfluss der Natur zu lesen. Wie könnte man die emotionale Intelligenz stimulieren, unsere Sinne vermehrt nutzen und den Sessions in den verschiedenen kulturellen Kontexten einen universellen Wert geben? Dies war offensichtlich möglich bei Personen mit einer Vielzahl von Themen und systemischen Hintergründen.

Es fühlte sich an, als würden alle Puzzle-Teile zusammenpassen; mein interkulturelles Interesse verband sich mit der zwischenmenschlichen Psychologie, der Verstand mit der Intuition, der Gefühlswelt und der Empathie, die Natur und das Pferd mit der Menschlichkeit.

Tatsächlich las ich kurz darauf einige Artikel bezüglich der Verhaltensforschung der Tiere. Der führende Tierverhaltensforscher Norbert Sachser erwähnt in seinem Buch „Der Mensch im Tier", dass Säugetiere auf hohem Niveau lernen und kommunizieren, und dass Tiere eine Persönlichkeit haben, und die Revolution im Tierbild in vollem Gange sei.

Er sagt aber auch: „Was die wissenschaftliche Untersuchung von Emotionen betrifft, steht die Verhaltensbiologie erst am Anfang"[...] „Darüber hinaus machen Modelle Voraussagen, die anschließend nur in empirischen Untersuchungen überprüft und weiter erforscht werden können [...]".

Innerhalb von zwei Jahren lernte ich durch ganz unterschiedliche Situationen zwischen Pferd und Mensch die Sprache der Pferde zu verstehen und sie auf Nachfragen für den Menschen zu interpretieren, ebenso wie den Rest der Natur, die gleichzeitig interagiert. Dies ist eine außergewöhnliche Hilfe beim Coaching von Menschen. Ein Pferd kann nur auf eine systemische Weise reagieren. Dabei wird das ganze Bild und der systemische Hintergrund einer Person sichtbar, mit dem man arbeiten kann. Es geht dabei direkt auf die Essenz ein und ins „Lebensthema" des Menschen; immer in der Gegenwart und ohne Urteil.

In einer Herde von Pferden, wo jedes Pferd seinen Platz hat, ist es am wichtigsten, dass jedes Pferd diesen Platz auch einnimmt. Alle werden dafür sorgen, dass es sein volles Potenzial nutzt, andernfalls wird seine Schwäche kompensiert. Dasselbe gilt für den Menschen; sobald eine Person sich zwischen eine Gruppe von Pferden stellt, werden die Pferde sofort die Persönlichkeit, die kommunikative Energie und die Beziehungen dieser Person spüren und sein Familien- oder Berufssystem in einer Art „Tableau vivant" oder einem Rollenspiel darstellen, damit sich diese Person aufgrund ihres Familiensystems von Blockaden befreien kann.

Jede innere mentale oder gerade emotionale Bewegung des Menschen wird die Reaktionen des Pferdes verändern, und es wird die Person danach zum nächsten Schritt seiner Entwicklung führen. Somit haben wir bei einer systemischen Therapie oder einem Coaching mit Pferden die Möglichkeit, sehr unterschiedliche Fragen und Lebensthemen zu behandeln.

Da die Pferde nur in der Gegenwart, im Jetzt leben, zeigen sie uns immer, was in diesem bestimmten Moment am wichtigsten ist; ein anderes Pferd, Teilnehmer oder symbolischer Anker kann bestimmte Personen oder Themen in der Lebensgeschichte eines Menschen darstellen. Interessant dabei ist, dass der Mensch sogar als Repräsentant die Energie der dargestellten Person, oder eines Elements, nachspüren und zusätzliche Informationen liefern kann. Eine faszinierende Welt öffnet sich uns, in der jeder Mensch sein System und seinen Hintergrund sofort erkennt und spürt.

In diesem Prozess wird ebenfalls mit der Sprache und den Signalen der Pferde gearbeitet: eine Sprache mit Bewegungen und Handlungen, die Studien in der wilden Natur zufolge eine eigene Bedeutung und viele Nuancen haben, auch abhängig vom Kontext oder dem persönlichen Bauchgefühl des Menschen.[2] Gerne beschreibe ich kurz ein paar Beispiele die im reflektiven Pferdecoaching (Pferd spiegelt die nonverbale Haltung und Charakter der Person) und im systemischen Coaching (Pferde spiegeln die systemische Umgebung der Person) eine Rolle spielen können:

Pferd nimmt Abstand und schaut in die Ferne; die Person oder das Pferd möchte heraus aus der Situation.

Pferd steht schwer oder blockiert; die paralysierten Gefühle des anderen Pferdes oder des Menschen.

---

2   Coachen met paarden, Het systemisch perspectief, Ruud Knaapen.
Dec 2012

Unruhiges Herumlaufen des Pferdes: Unruhe im Leben der Person oder in der Umgebung.

Pferd hält seinen Hals leicht gebogen: Verletzlichkeit des Pferdes oder der Person.

Pferd knabbert an Kleidung oder Körperteilen: Pflege, sich kümmern um den anderen.

Das Pferd steht auf einem Bein und hält das andere locker daneben: Entspannung

Tiere kennen den Weg zu unserem „Herzen" und unserer Intuition und Menschen können so zu mehr Bewusstsein, persönlicher Entwicklung und Glück geführt werden.

Ein turbulenter Weg zu mir selbst oder eine traumatische Liebe

Während meines systemischen Trainings war es auch notwendig, mit anderen zu praktizieren und mit eigenen Problemen konfrontiert zu werden. Indem du mit deinen eigenen Schwingungen und Themen konfrontiert wirst, kannst du das volle Ausmaß deiner Persönlichkeit erkennen – also vom Positiven bis hin zum Negativen – und das eröffnet dir eine breitere Sicht und mehr Fähigkeiten, anderen zu helfen.

Ich fragte mich bei einer Session zum Beispiel, wie ich die Beziehung zu meiner Tochter im Teenageralter verbessern könnte. Sie distanzierte sich oft von mir und sprach nur manchmal über ihre Gefühle und ihr Leben, eigentlich sogar eher selten. Es ist ein äußerst interessantes Phänomen, gerade auch in meinem Fall, dass die Pferde oft das Thema hinter der Frage sofort erörtern.

Ich sah die Pferde weit weg von mir. Das kleine, das mich gleich an meine Tochter erinnerte, stand auf der anderen Seite und sah mich manchmal abwesend an, es war sehr von anderen Menschen außerhalb des Feldes abgelenkt. Genau wie meine Tochter momentan mit ihren Freundinnen beschäftigt war. Obwohl dieses Pferd immer gerade die Nähe der Menschen sucht, stand es tatsächlich in seiner Rolle als abgelenktes Kind.

Der Coach bat um einen Repräsentanten für meine Tochter; er stellte sich intuitiv weit weg von mir.

Wir begannen zu diskutieren, genauso wie ich das heute mit ihr oft mache, darüber warum ich nicht immer für sie da war. Sie war böse auf mich, und ich konnte mich nicht wehren. Ihr die Ursache meiner regelmäßigen Abwesenheit zu erklären, erschien mir zu kompliziert für sie.

Es lag eine bestimmte Unruhe in der Luft. Wolken zogen über uns dahin, und eine Schar Vögel kreiste mehrmals über unseren Köpfen. Da schaute ich hinter mich und sah das Pferd Poppy, ein anderes Pferd, auf dem Boden liegen. Offenbar suchte es in der Erde etwas, das auf jemanden hinwies, der bereits in der Welt der Verstorbenen war.

Ich wusste gleich wer es war: jemand der mir Zweifel vermittelt und mich mit meinen Schattenseiten konfrontiert hatte.

Der Coach stellte einen anderen Repräsentanten für diese verstorbene Person auf. Als sein Repräsentant in der Mitte stand sagte er: „Warum kann ich mich nicht ausruhen? Warum klammerst du dich noch an etwas aus der Vergangenheit fest, das mit mir verbunden ist ..."

Ich wusste, dass dies mit meiner Selbstliebe zu tun hatte.

Ich musste dieses Kapitel abschließen, meine Überzeugungen und Missverständnisse überprüfen, Verantwortung übernehmen, mein authentisches Selbst finden und mich auf mein eigenes Leben konzentrieren, ohne die Traurigkeit aus der vergangenen Beziehung. Es berührte mein Herz tief. Hatte die Beziehung mich und meine Entscheidungen damals so sehr beeinflusst? Ich nahm die Hände des Repräsentanten und realisierte, dass dies wahrscheinlich der Fall gewesen war. Die anderen Pferde waren inzwischen mehr zu mir hinübergelaufen.

Ich konnte um die Welt reisen in meinen Job, und dabei traf ich diesen Mann, in den ich mich schrecklich verliebte. Ich konnte noch nicht erkennen, welche Art von psychologischer Falle diese Beziehung sein würde – gleichzeitig aber auch eine Möglichkeit zur Weiterentwicklung.

Eine Person, die mit voller Überzeugung etwas sagen konnte, aber völlig anders handeln würde – jemand, der wahrscheinlich heute als Borderliner diagnostiziert würde. Da ich damals noch einen naiven Blick auf therapeutische Fälle hatte, konnte ich nicht glauben, dass etwas nicht stimmte und konnte deshalb auch nicht genug meine eigenen Grenzen überwachen. Ich gab sogar meinen wunderbaren Job im Burgund auf, um mich in einem Cottage in Schottland niederzulassen und dort ein eigenes Geschäft zu eröffnen.

Leider endete alles mit einem gebrochenen Herzen, eine vergebliche Hoffnung, dass die Person sich bessern würde, was durch seinen Selbstmord bestätigt wurde. Es gab leider, außer bei meiner Familie, wenig Hilfe oder Verständnis in meiner Umgebung. Ich fühlte, dass ich die starke Person spielen musste. Monatelang habe ich darüber nachgedacht, was genau falsch gelaufen war, warum hatte sich diese Person so extrem benommen, und was war meine Rolle dabei gewesen?

Ich konnte den Schmerz nicht ertragen und versuchte, mich auf mein höheres Selbst zu konzentrieren, das keine Grenzen hatte und mir das Gefühl gab, dass noch unendliche Möglichkeiten vor mir lagen. Die Vernunft half mir bis zu einem gewissen Punkt. Ich analysierte typische Reaktionen in solchen psychologischen Fällen, las Fachliteratur. Aber wahren Trost fand ich mehr und mehr durch Intuition und den Glauben an neue Möglichkeiten. Ich hatte das Gefühl, dass ich mich auf universelle Werte konzentrieren sollte; bedingungslose Liebe zu mir selbst, die nach und nach den Ereignissen und der Person, die mir das „angetan" hatte, einen Platz geben konnte.

Unter Pferden zu sein, hat mir geholfen, mich ausgeglichener zu fühlen und mein Selbstwertgefühl wiederherzustellen; so auch meine neuen Aktivitäten, wie Projekte im Nahen Osten, neue Sprachen, Kulturen und nicht zuletzt: die energetische Lichtarbeit; oder die Kraft unserer Gedanken und unserer Intuition zu erkennen und weiter zu erforschen.

Meine Wunde würde langsam verheilen, in dem ich versuchte, das große Ganze zu sehen. Die Wunde würde sich manchmal auch wieder öffnen, in Momenten, in denen ich mich in meiner Verletzlichkeit nicht verstanden fühlte; es würde sich auf mein Verdauungssystem auswirken. Wie hatte ich das Leben verdaut? (www.my-holistic-healing.com) In schlechten Momenten würde ich mit meinem ersten Pferd Quieto beschäftigen und mich danach wieder aufgeladen fühlen. Ich sah die Parallele zwischen der Makro- und der Mikrowelt: Solange es nämlich in dir selbst kein Gleichgewicht gibt und du deine Sonnen- und Schattenseiten nicht völlig akzeptierst – dies ist oft der Einfluss der Familie, des Systems – und diese Liebe nicht austragen kannst, wird es auch kein Gleichgewicht in der Umgebung bzw. Gesellschaft geben.

Dies ist ein universelles Gesetz, das auf alle verschiedenen Kulturen angewendet werden kann und – am überraschendsten – wie ich später erkannte: auch auf die Pferdewelt!

Die Methodik

Viele Unternehmen arbeiten mit einem Rechtsanwalt oder Qualitätsmanager. Sie verteilen Fragebogen und lassen sie ausfüllen, führen Gespräche mit Mitarbeitern und geben Feedback. Leider bringen aber Mitarbeitergespräche nicht so viel, weil sie sich um eine Haltung bemühen und sich nicht frei genug fühlen, das zu sagen das ihnen wirklich wichtig ist. Sie sind ja letztendlich in einer heiklen Position, in der das Management sich vielleicht ein nicht so gutes Bild von ihnen macht und sie eventuell ihren Job verlieren könnten. Hinzu kommt noch die Tatsache, dass solche Gespräche nicht wirklich Synergie erzeugen, wenn die Mitarbeiter im Überlebensmodus agieren müssen.

Bei diesen Methoden arbeitet man mit Rollenspielen und potenziellen Auseinandersetzungen. Diese Techniken laufen jedoch über die Vernunft und vorwiegend verbal, während eigentlich die unbewusste Dynamik, die Verhaltensmuster, unbewusste Frustrationen und Blockaden, die über die Gefühlswelt laufen, in einem Team angesprochen werden sollten.

Gerade hier ist ein Coaching mit Pferden sehr aufschlussreich. Ein Pferd, das durch seine systemische und sensible Natur sofort auf die Essenz eingeht, besonders wenn es ums Überleben der Gruppe geht, zeigt direkt die Spannungen, das Potenzial oder die Kontakte, wo Qualitätsmanager Wochen für Gespräche und Auswertungen benötigen.

Ein anderes positives Element, dass man den Tieren nichts vormachen kann und sie nicht zu beeindrucken sind durch Status, äußeren Schein oder bestimmte Masken zum Überleben, um sich sicherer zu fühlen und eine scheinbar starke Person darzustellen. Das Pferd ist sachlich klar, aber ohne Urteil und wird dem Mitarbeiter oder Team gerade das zeigen, was am Wichtigsten zu korrigieren ist oder womit man sich auseinandersetzen sollte.

Die Masken zum Überleben

Während der Kindheit fängt der junge Mensch schon viele Signale seiner Umgebung und der Eltern auf und muss sich immer wieder anpassen. Jede Seele hat ihren eigenen Weg, ob man daran glaubt oder nicht. Jede Seele mit ihren individuellen Erwartungen und Ereignissen im Hintergrund sucht sich ihren Platz und ihre Selbstentfaltung im Leben. Vielleicht ist der erste Schritt ins Leben ziemlich schwer wegen einer schwierigen Elternsituation, oder gerade sehr leicht, weil alles so gut für das Kind organisiert wurde und dem kleinen Wesen viel Raum gegeben wird, um sich weiterzuentwickeln.

Je nach Umgebung, Familie oder Seelenweg, ein Kind wird immer Signale auffangen, Ereignisse verarbeiten müssen und dabei auch überleben. Es möchte geliebt und akzeptiert werden und braucht dabei eine bestimmte Geborgenheit und Sicherheit.

Wenn der junge Mensch sich schützen möchte vor bestimmten Ereignissen, die ihm unangenehm sind, wird er eventuell eine Maske benutzen; oft eine, die ihn den Rest des Lebens schützen sollte und auch nur selten abgenommen wird, bis der Mensch sich den Beschränkungen dieser Maske bewusst wird und realisiert, dass sie einem offenen und ehrlichen Kontakt im Wege steht und er unter diesen Umständen nie wirkliche Intimität oder tiefe Verbindung erleben kann.

Es ist faszinierend, sich mit diesen Masken zu befassen. Wir tragen sie fast alle, einige mehr als andere. Jeder wird bestimmt hier eine Maske wiedererkennen, die auf ihn selbst zutrifft und etwas über den Charakter verrät.

Schizoide Charakterstruktur oder „die Leiter in den Himmel". Die mentale Nahrung kommt aus einer anderen Welt. Dieser Mensch braucht das sogenannte Reisen der Seele, und kann sich ganz in einer anderen Welt verlieren. Es tut einfach gut, die Welt von einer bestimmten Entfernung aus zu beobachten und diese Kenntnisse sind sinnvoll für sein alltägliches Leben.

Wenn z. B. ein Mensch plötzlich längere Zeit mit eingegipstem Bein liegen muss oder alleine gelassen wird, kann diese Charakterstruktur ein Weg des Überlebens sein. Wenn man sich sinnbildlich oder körperlich nicht bewegen kann, gibt der Geist dem Menschen die Möglichkeit, trotzdem das zu machen, was er möchte.

Der größte Bedarf bei der Geburt, ist das Gefühl, dass man der sein darf, der man ist. Wenn diese Wärme nicht da ist, wird man auf sich selbst zurückgeworfen. Die einzige Möglichkeit ist das Entfliegen aus der Einsamkeit, sozusagen eine „Leiter nehmen und in den Himmel verschwinden". Kontakt mit anderen kann dadurch schwierig werden und systemisch wäre die einzige Lösung, mal erst den Kontakt mit dem abwesenden Vater und der Mutter wiederherzustellen und sich in seiner irdischen Form – im Körper – willkommen zu fühlen, um sich auch für andere öffnen zu können.

Im Team fiel Stephan als Manager auf. Er hatte immer eine glasklare Analyse für das Gespräch unter Kollegen. Aber irgendwie sah und spürte man, dass er sich nicht wirklich mit den anderen verband. Bei den Pferden identifizierte er sich selbst am meisten mit einem Pferd, das auf Abstand blieb. Es stand hoch auf einem kleinen Hügel, statisch und ohne Bewegung. Ein Pferd, das die typische schizoide Maske zeigte und irgendwie ausgeloggt zu sein schien, weder wirklich anwesend noch in Verbindung mit anderen Pferden war.

Auch er selbst nahm immer Abstand von der Gruppe. Wenn der Coach ihn fragte, woran ihn das aus der Vergangenheit erinnert, erzählte er ihm, dass er immer der Mediator, der Konfliktlöser und intellektueller Gesprächspartner bei seinen Eltern sein musste.

Nähe gab es eigentlich nicht in der Familie. Seine Mutter hatte ihn nie viel umarmt oder mit ihm gekuschelt.

„Eigentlich ist mein Körper keine Hausadresse, sondern eher eine Ferienadresse", sagte er auch. „Ich vergesse oft auch bei der Arbeit und beim Stress wirklich durchzuatmen."

„Dieses regelmäßige Atmen mache ich eigentlich nur beim Sport im Freien". Durch diese Einsicht wurde ihm klar, dass es wichtig war, in Beziehung zu den Kollegen zu sein.

Das Wiederherstellen einer Nähe oder wenigstens einen Kontakt mit der Mutter im systemischen Feld öffnete neue Wege.

Bei welcher Maskenbeschreibung beantworten Sie die meisten Fragen oder Aussagen mit „ja"? Dieser kleine Test ist nur ein Hinweis, welche Maske oder Maskenkombination am meisten auf Sie zutrifft.

Beantworten Sie diese Aussagen mit „ja" oder „nein":

- *„Ich habe Mühe mit Augenkontakt."*
- *„Ich ziehe mich gerne alleine zurück und bin mit den Gedanken irgendwo anders, auch bei Gesprächen."*
- *„Ich kenne den Rückzug von zwischenmenschlichen Kontakten."*
- *„Ich habe oft kalte Hände, Füße oder steife Gelenke."*
- *„Ich fühle mich meistens nicht verstanden."*

Orale Maske: der Mensch, der nie genug hat.

Wenn der junge Mensch den Eindruck hat, mehr zu geben als zu empfangen, verschwindet das Gefühl der Erfüllung und Zufriedenheit. Er tut noch so, als gäbe er, aber das Herz ist nicht mehr anwesend. Es widersetzt sich, und die Quelle ist oft ausgetrocknet. Diese Gefühle werden von jemandem mit einer oralen Charakter-

Struktur empfunden. Irgendwie hat die Familie dem Menschen nicht genug geben können. Das Kind und der spätere Mensch wird immer in der Überzeugung leben, dass es nie wirklich genug für ihn gibt.

Bei einer systemischen Übung durfte der Coachee seinen Chef um etwas bitten, was er gerade benötigte: Hierbei kam bei dem Coachee eine große Angst auf; er fühlte sich blockiert, darum zu bitten und wollte nicht wirklich nachempfinden, was er brauchte. „Es fühlte an, als ob ich paralysiert oder erfroren wäre, und die Bitte kam nur zu einem kleinen Teil aus mir selbst." Es mangelte an Überzeugung und dann bekam er natürlich überhaupt nicht, was er wirklich brauchte. Es entstand eine Situation der Knappheit und, bei diesem Charakter würde beispielsweise ein Pferd ganz klar nur die kargen Teile des Grasangebots knabbern; das Hauptthema bei den Pferden schien dann gerade das Essen zu sein und davon nicht gesättigt zu werden.

Es kostet diesen Menschen viel Energie, um in Form zu bleiben und Vitalität zu empfinden. Dieses Gefühl der Kargheit wird auch bezüglich der Beziehungen, der Arbeit und Nahrung empfunden. Man fühlt sich einfach nie zufrieden und erfüllt. Nur wenn man in sich selbst hineingeht und dabei die realen Bedürfnisse ernst nimmt, steigert sich die allgemeine Lebenskraft im Beruf und Privatleben.

Sich mit seinen eigenen Bedürfnissen zu befassen ist deswegen gut, weil es dann die Aufgabe des erwachsenen Menschen wird, diese auch begrenzen und kontrollieren zu können.

„Alles zu seiner Zeit" kann als Gedanke dabei helfen. Wenn man diese Entwicklung zulässt, erscheint eine Perle dieses Charakters: das Verständnis für das, was der andere braucht.

Beantworten Sie diese Aussagen mit „ja" oder „nein":

- *„Ich fühle mich regelmäßig nicht willkommen"*

- „Ich frage mich oft in Situationen, ob für mich genug übrig-bleibt"
- „Ich rede viel und gerne von mir selbst"
- „Ein flehender, fragender Blick ist typisch für mich"
- „Niemand ist für mich da!"

Symbiotische Maske

Darunter versteht man die Angst, allein als Individuum zu stehen; das Empfinden der zerbrochenen Einheit, wodurch man die Chance bekommt, ein unabhängiges Individuum zu werden.

Wenn man als Kind nicht genügend Möglichkeit bekommt, psychisch auf eigenen Beinen zu stehen und eigene Entscheidungen zu treffen, hat man später Probleme mit der Autonomie. Man sucht nur Harmonie, um nicht alleine zu stehen, und das auf Kosten seiner eigenen Individualität und eigener Bedürfnisse und Ideen. Die Aufgabe wird dann, die Fähigkeit zu erlernen, sich abgrenzen und alleine stehen zu können, wobei man letztendlich seine Einzigartigkeit entdeckt.

Diese sensible Person kann unglaublich gut in die Welt und Haut einer anderen Person schlüpfen und sich dabei völlig verlieren. Anderseits kann man sich derart gut in den anderen hineinversetzen, dass wenn man sich abgrenzen will, man das Gefühl hat, dem anderen dabei zu schaden.

Die Kollegin stand im Feld mit den Pferden, und als sie sich einen Platz ausgesucht hatte, liefen die Pferde ganz unruhig um sie herum und schnitten ihr sogar den Weg ab, nahmen ihren Raum ein, sodass sie einen Schritt zurückmachen musste.

„Können Sie das wiedererkennen in ihrem Leben?", fragte der Coach.

„Ja", sagte sie zweifelnd, „dass andere Kollegen über meine Grenzen gehen."

„Ich mache immer sehr viel für sie, aber weiß nicht wirklich ob es gewürdigt wird."

Als der Coach sie bat ihre Augen zu schließen und sich auf ihren Raum und Platz zu konzentrieren und ihre Grenzen zu visualisieren, wurde sie ruhiger – und auch die Pferde hielten wieder einen bestimmten Abstand ein.

Sobald eine Person wirklich ihren Platz im Leben, im Unternehmen einnimmt, wagt sie es auch, sich mit anderen auseinanderzusetzen und Konflikte nicht mehr länger aus dem Wege zu gehen. Gleichzeitig kann sie aber auch sehen, was den anderen bewegt, ohne hineingezogen zu werden.

Beantworten Sie wieder diese Aussagen mit „ja" oder „nein":

- *„Ich fühle mich oft verantwortlich für andere und deren Gefühle."*
- *„In einer Beziehung, verliere ich mich in den anderen."*
- *„Ich kann alleine schwer Entscheidungen treffen."*
- *„Wenn ich alleine im Restaurant sitze, fühle ich mich unsicher und bei Diskussionen gebe ich meistens nach."*
- *„Ich erledige oft Sachen, die ich eigentlich nicht machen möchte."*

Der rigide Charakter

Er oder sie ist immer einwandfrei gekleidet, hat Charme, gute Manieren. Sie kennen bestimmt so eine Person. Irgendwie ist es aber immer schwierig, einen richtigen Kontakt mit dieser Person herzustellen, da man oft in formellen Äußerungen hängen bleibt oder einladenden charmanten Sprüchen. Die Person bleibt oft stolz und distanziert im Hintergrund, aus Angst vor Abweisung.

Die Pferde durchschauen diese Maske sofort. Sie werden nur die dahinterliegenden Gefühle spüren und darauf reagieren.

Die Managerin war eine hübsche, aktive Frau. Sie redete viel, aber in der Manege mit dem Pferd im Ring, wurde sie plötzlich still, als sie sah, wie sehr das Pferd sich von ihr entfernte. Ihr charmantes Benehmen machte keinen Eindruck, und das Pferd schien eher ihre Einsamkeit zu spiegeln, nämlich das kleine Mädchen in ihr, was immer noch nach Halt und Geborgenheit suchte.

In der Kinderzeit wird man sich seiner Weiblichkeit oder Männlichkeit bewusst und man freut sich, dies zu zeigen. Eine Übung in der kleinen Welt. Wenn man aber nicht die Möglichkeit bekommt, dies zu erleben und damit umzugehen, wird diese emotionale Entwicklung blockiert.

Er war ein Junge, der hauptsächlich mit Frauen aufwuchs. Sein Vater war nur selten da, und irgendwie konnte er dadurch keine Verbindung mit seiner männlichen Seite herstellen. Er fühlte sich bei Männern unbequem, vermisste das Beispiel einer männlichen Person; er blieb bis zu seinem Erwachsenenalter in einer Art von Zwischenwelt. Gleiches gilt für Mädchen.

Diese Menschen sind noch nicht fähig, eine richtige Verbindung mit Ihrer Weiblichkeit oder Männlichkeit herzustellen. Sie können irgendwie ihre Verletzlichkeit nicht zeigen und sich nicht dem anderen hingeben, aus Angst, nicht völlig akzeptiert zu werden.

Beantworten Sie diese Aussagen mit „ja" oder „nein":

- *„Ich finde es schwer meine empfindsame Seite zu zeigen."*
- *„Ich möchte nie die Kontrolle verlieren."*
- *„Ich brauche einen gewissen emotionalen Abstand zu meinem Partner."*
- *„Ich mache meine Arbeit am liebsten perfekt."*
- Nach hinten gekipptes Becken, eher aufgeblasene Brust.

Die Psychopathische Maske

Misstrauen als Schutz, der Kampf ums Überleben, sich nur noch auf sich selbst verlassen, nur die Leistung ist noch wichtig und führt zu Verlust von Verbindungen.

Hier sehen wir das Kind, das sich alleine gelassen fühlte und alles in seinem Leben selbst lösen wird. Er wurde ja in seiner frühen Kindheit in seinem Vertrauen verletzt und macht jetzt alles lieber ohne „die anderen".

Etwas in seiner Kindheit hat ihn sehr enttäuscht; seine Eltern haben ihn vielleicht mit einem wichtigen Problem alleine gelassen. Vielleicht war die Situation in der Familie mal schwierig und hat das Kind sehr früh lernen müssen alles alleine zu lösen; dies hat aber außer einer selbständigen Haltung auch Wunden hinterlassen. Es distanziert sich oft von anderen und liefert harte Kritik. Es hat Schwierigkeiten mit einer tieferen emotionalen Verbindung. Dadurch entwickelt sich in seinem Leben eine Mentalität, die überzeugt ist von der Macht des Stärkeren. Es wird durch Mangel an Vertrauen selber die Bedingungen festlegen und dabei wenig Raum für den anderen übriglassen.

Beim Coaching sollte er für seine eigene Balance lernen, wie viel Kraft in der Verletzbarkeit steckt und wie er dadurch wirklich tiefere Verbindungen mit sich selbst und anderen Menschen eingehen kann.

Der Mensch wird sich größer und stärker zeigen, als er wirklich ist: „Lass mich das mal machen", „auf andere ist kein Verlass." „Alleine kann ich es immer noch am besten" werden dabei viel gehörte Aussagen sein.

Das Pferd stand neben dem selbstbewussten Mann und machte sich noch größer als er. Er streckte seinen Kopf und legte es auf den Kopf des Mannes, als ob es ihn kleiner machen wollte.

Beantworten Sie diese Aussagen mit „ja" oder „nein":

- *„Ich möchte gewinnen."*
- *„Ich gehe oft über meine eigenen Grenzen."*
- *„Ich misstraue anderen Menschen."*
- Steht oft mit Beinen auseinander.
- *„Wenn ich eine Freundschaft abbreche, ist es für immer."*

Masochistische Maske

Der Mensch mit dieser Maske hat immer das Gefühl unter Spannung zu stehen und noch viel mehr machen zu müssen. Unter seiner Maske beschäftigt er sich besonders mit dem Schicksal anderer Leute, aber zu dem, was er selber gerne möchte, kommt er leider nicht. Die Wahl ist dabei, sich zu „äußern"/„Expression und Raum" für sich selbst zu schaffen oder „Depression".

In der Kindheit hat er oft Zwang gekannt und wenig Möglichkeit zur Äußerung seiner Gefühle. Seine eigenen Gefühle ertragen zu können, war für ihn das Zeichen seiner Unabhängigkeit. Hiermit vermischten sich aber auch Rachegefühle und passive Aggression und innere Wut.

Beim Coaching sollte er lernen, seinen eigenen Willen zu äußern und auch die Akzeptanz seiner Grenzen, um anderen helfen zu können.

Im Coaching stand der Coachee vor seinen Eltern. Er wollte eigentlich gehen oder weglaufen, um sein eigenes Leben führen zu können. Sein Vater schien ihm zu sagen „geh ruhig". Die Augen seiner Mutter sagten ihm aber deutlich: „Bitte bleibe, ich habe es so schwer." Das Pferd neben ihr, das deutlich die Mutter verkörperte, stand schwer und instabil auf seinen Beinen.

Der Coachee entschied sich: Er gab seiner Mutter sinnbildlich die Last zurück und drehte sich weg, um sein eigenes Leben zu leben.

„Böse und traurig", wie er als Kind gewesen war, weil Weglaufen die einzige Möglichkeit war, und er es gleichzeitig mit einem Schuldgefühl machte, dass er sie ja verriet, um für sich selbst genügend Raum zu schaffen.

Die einzige Lösung ist bei dieser Charakterstruktur, das Leiden und Schuldgefühl zu begrenzen und das Leben und auch die Freude und Leichtigkeit zuzulassen. In dieser Session handelte es sich ausschließlich um den Sohn und seine Entwicklung, sein Bedürfnis, sich von der masochistischen Haltung zu befreien um in Freiheit leben zu können. Nach der Session reagierten beide Eltern positiv auf die selbständige Haltung des Sohnes. Sie hatten jetzt erfahren und wirklich mit dem Körpergefühl empfunden, dass es ihre Last war, die der Sohn getragen hatte: die Erwartungen des Vaters mit einer eher rigiden Charakterstruktur, der seinen Prinzipien folgte, und die Angst der Mutter, mit einer typisch oralen Struktur, verlassen zu werden, oder ungeliebt zurückzubleiben. Diese unausgesprochenen Gefühle blockierten den jungen Mann und die Eltern konnten dies schließlich einsehen, weil sie es auf Gefühlsebene gespürt hatten. Man liebt den anderen erst wirklich, wenn man ihm die Freiheit gibt und Verantwortung nimmt für seine eigenen Gefühle, und jeder seine eigene Balance zwischen Geben und Nehmen findet.

Die Stimmung, Energie und Beziehung zwischen den Familienmitgliedern, hatten sich merklich geändert. Der junge Mann konnte nach den ausgesprochenen Worten aufatmen; sie änderten die Dynamik.

Es wird aber dem Klienten geraten, am Ende einer Session, nicht zuviel zu reden, oder Details mit dem Verstand nachzugehen. Auf diese Weise können sich das Gefühl und Einsichten bei allen Beteiligten besser integrieren.

Beantworten Sie diese Aussagen mit „ja" oder „nein":

- *„Ich finde es schwer „nein" zu sagen."*
- *„Ich helfe anderen sehr gerne, aber fühle mich oft ausgenutzt."*
- *Probleme mit der Verdauung.*
- *Neigt zu Depressionen.*
- *„Ich höre dem anderen gerne zu; habe viel Geduld."*

Die Wege zur Harmonie

„Ich werde dich verlassen! Ich empfinde eine totale Einsamkeit in unserer Beziehung!", schrie seine Frau Sabine unkontrolliert. Stephan war nach seinem Spaziergang auf seine Frau zugegangen und hatte versucht, ihr durch eine Umarmung etwas näher zu kommen. Sie stieß ihn aber weg und reagierte sehr reserviert. „Was hast du denn genau?", fragte er sie. Es wurden dann aber nur noch Vorwürfe geäußert.

„Ich weiß nicht, ob ich noch weitermachen möchte", sagte sie.

„Na, dann machen wir mal eine Eheberatung", erwiderte Stephan. „Vielleicht gibt es noch einige Lösungen; wir wollen ja nicht gleich alles aufgeben."

An einem Tag standen die beiden in einem Pferdering. Einfach mal zur Probe, hatte der Berater gesagt: Wir haben ja schon sehr lange Gespräche und Diskussionen geführt. Ist es jetzt nicht mal Zeit, auch dem Unbewussten seinen Platz zu geben, die systemische Ordnung, und mal außerhalb der Worte zu bleiben? Stephan und seine Frau waren müde nach all den geführten Dialogen und Vorwürfen. Man konnte in der Tat versinken in Worten, Vorwürfen und Theorien. Aber wie stand es wirklich mit ihrer Liebe, ihren Gefühlen und unbewussten Mustern, die sie beide mit sich trugen. Etwas reserviert waren sie schon: ein systemisches Coaching mit Pferden? Hat das Sinn? Aber wieso nicht mal so etwas Neuem eine Chance geben?

Die Pferde blieben weit weg von dem Paar, nachdem seine Frau einen Platz eingenommen hatte. Sabine war die Hauptfragestellerin und hatte sich zuerst mit Atemübungen entspannen müssen, um ihre kreisenden Gedanken abzuschalten. Danach hatte sie intuitiv einen Platz im Ring aufgesucht und war dabei ihrem Körpergefühl gefolgt.

Die Stute blieb im Laufstall stehen, die anderen Pferde blieben draußen etwas um den Stall herum verteilt. Der Coach fragte sie, ob sie etwas in der Szene wiedererkannte. Sabine erkannte gleich etwas: die Stute identifizierte sie als sie selbst; treu und etwas ängstlich im Stall. Die Stute stand auch so regungslos, als wäre sie von etwas paralysiert und schaute auf die anderen Pferde.

„Wie würden Sie die Stute beschreiben? Und warum sind Sie paralysiert?", fragte der Coach.

„Ich fühle mich tatsächlich ohne Energie und frag mich dauernd, ob es den Kindern gutgeht und kümmere mich um meinen Mann, aber er ist ja fast nicht da."

„Welches der Pferde würden Sie als ihren Mann bezeichnen und welche als ihre Kinder?"

Intuitiv wusste Sabine, dass die zwei Pferde, die in die Ferne schauten ihre Kinder waren; sie standen etwas weiter entfernt und setzten sich zwischendurch in Bewegung. Ihren Mann sah sie in einem anderen Pferd, das auf der anderen Seite stand, etwas abgetrennt; der Mann in Person hatte sich intuitiv dazugestellt.

Der Coach fragte sie, zu welchen Pferden sie sich am meisten hingezogen fühlte und ob sie sich dahin begeben könnte. Sie lief zu den Pferden, die ihre Kinder darstellten. In dem Moment, als sie zu ihnen lief, liefen auch die Pferde etwas weiter weg, total fokussiert auf andere Sachen. Dies passierte immer wieder, sobald Sabine sich in Bewegung setzte und Kontakt mit den Pferden suchte.

„Was empfinden Sie dabei?", fragte der Coach. Sie wurde nachdenklich und schaute etwas perplex: Es ist, als ob ich denen im Weg stehe oder sie irgendwie bedränge. Ich mache mir ja immer Sorgen. Tatsächlich sagt mir meine Tochter öfters, ich sollte ihr etwas mehr Freiraum geben, damit sie ihre Dinge machen kann.

„Ach!", sagte Sabine plötzlich, „ich glaube, die sind ganz glücklich und ohne Sorgen, ihrem Leben nachzugehen und freuen sich dabei."

„Und wie ist es mit Ihrem eigenen Leben?", fragte der Coach darauf. Sie war ganz still und musste zugeben, dass sie eigentlich keins hatte. „Ich bin mir nicht mehr sicher, wo ich hingehöre", sagte sie.

Sabine sah, dass das Pferd, das ihren Mann darstellte, immer noch unbeweglich neben dem Stall stand.

„Er ist auch wie das Pferd, total absorbiert von anderen Sachen, nur nicht von den Kindern oder mir. Ich glaube, er läuft auch bald in ein Burn-out, so wie er lebt", sagte sie etwas bitter.

Der Coach schlug ihr vor, ihr eigenes Herz repräsentieren zu lassen. Es gab ein paar Menschen, die eingeladen waren als Repräsentanten, und daraus durfte sie wählen. Es war wieder ganz still in der Natur, die Stute, die Sabine darstellte, lief plötzlich auf eine Frau zu und blieb dort stehen.

„Das ist aber merkwürdig", sagte Sabine, „ich wollte sie gerade fragen."

Die Frau, die ihr Herz darstellte, lief ins Feld und blieb weit von Sabine stehen.

„Wieso möchten Sie hier stehen, Herz von Sabine?", fragte der Coach. „Ich kann nicht weiter", sagte sie, „ich muss Abstand halten, Abstand von ihr."

„Sagt Ihnen das etwas?", fragte der Coach Sabine.

„Ja, ich kann keinen Kontakt mehr bekommen mit dem, was ich wirklich zutiefst möchte. Ich bin mir selber fremd." Sie weinte und stand verloren in der Mitte.

„Könnten Sie zu Ihrem Herzen laufen und einen neuen Kontakt damit herstellen?"

„Ich weiß nicht, werde es versuchen." Sie lief langsam zu der Frau, die ihr Herz verkörperte.

Es war faszinierend, wie sehr dieser Repräsentant die Energie und Gefühle des Herzens empfinden kann, sogar wenn sie die Person überhaupt nicht kennt. Dies ist das tiefe Körperwissen, die Sensibilität für Energie, die Intuition, die jeder in sich trägt.

Tränen strömten über ihre Wangen, als sie in die Augen ihres Herzens blickte und sie sich die Hände festhielten. Sie hatte wieder das Gefühl sich selbst zu finden. Die Stute kam dazu und legte zart ihre Nase auf die beiden Hände, um diese Energie zu besiegeln.

Die richtigen Worte sind dabei wichtig und ergeben eine ganz neue Energie und Dynamik, die das System und das Verhaltensmuster einer Person beeinflussen:

„Ich bin dein Herz, und ich klopfe nur für dich; lass mich nie mehr los und höre auf mich."

„Du bist mein Herz, und du klopfst nur für mich, ich werde dich immer mit mir tragen und mit dir verbunden sein."

Die Stute stand inzwischen noch bei ihr und dem Herzen und zwischen ihr und ihrem Mann.

In dem Moment, als sie den Kontakt mit ihrem Herzen hergestellt hatte, kamen die anderen «Kinder» Pferde auch wieder näher zu ihr, was sie auch gleich bemerkte.

Als sie dann ihre Aufmerksamkeit von ihrem Herz auf ihren Mann richtete, lief die Stute zur Seite und öffnete den Weg zu ihrem Mann.

Als sie sich entgegenliefen, war die Energie ganz anders. Da Sabine den ersten Schritt zu ihrer eigenen Kraft und ihrem Potenzial, zu ihrem Herzen, gemacht hatte, und auch loslassen konnte – in diesem Fall, ihre Sorgen um ihre Kinder – konnte auch ihr Mann sich freier fühlen, um seine authentische Kraft zu entwickeln und eine neue Beziehung herzustellen.

Als sie sich gegenüberstanden, fühlten sie beide eine neue Liebe die sich weiterentwickeln konnte. Man war noch nicht am Ende dieser gemeinsamen Reise, um ihre gemeinsamen Probleme zu lösen, aber der erste Schritt, die erste innere Bewegung auf Gefühlsniveau und im unbewussten Bereich, war schon mal gemacht worden.

Drei Pferde hatten sich rings um das Paar, in einer Art Fohlenposition aufgestellt, als ob sie diesen privaten, zärtlichen, verletzlichen Moment vor den Augen anderer schützen wollten. Der Augenblick war magisch und zeigte, welche ungeheure Herzenskraft die Pferde vermitteln können; offenbaren ihre Talente als Therapeuten, die in der Gegenwart, ohne Urteil, den Menschen helfen möchten.

Dies ist ein Erlebnis, das wir lange mit uns tragen, und wir brauchen einige Zeit, um dies in uns zu integrieren.

Deutschland

Jeder Mensch wird von einer Kultur und seiner Sprache geprägt. Es gibt bestimmte Konzepte in Kultur und Sprache, die man nicht unbedingt in anderen Kulturen finden kann. Bestimmte Wörter kann man nicht in eine andere Sprache übersetzen, es gibt dann einfach keine adäquate Übersetzung, die den Inhalt gleichermaßen wiedergibt.

Die Kultur in Deutschland besteht ja aus vielen Aspekten durch sehr unterschiedliche Regionen und Geschichten, aber im Vergleich mit anderen europäischen Ländern gibt es schon eine allgemeine Tendenz in der Gesellschaft mit seinen eigenen Codes und Kontexten.

Im internationalen Geschäftsbereich ist die Rede vom pragmatischen deutschen Handeln, zielstrebend mit angepasster Höflichkeit in einer Gesellschaft mit festgelegter Hierarchie und Titelbedürfnis; eine Gesellschaft, in der die Logik überherrscht und man Situationen und Systeme gerne kontrolliert. Dies ist vielleicht eine Folge der Nachkriegszeit, während der das Schaffen, Organisieren und planmäßige Vorgehen für Sicherheit sorgte; eine traumatische Erfahrung wird sowohl bei einer Person als auch in einer Gesellschaft auf eine systemische Weise Spuren hinterlassen. Zuverlässigkeit ist das Schlüsselwort in vielen Bereichen.

Die Qualität und Glaubwürdigkeit des Kontaktes steht immer an erster Stelle; man möchte ernst genommen werden und ziemlich schnell ins Geschäft kommen.

„So ernst", sagte mal ein französischer Kollege zu mir, „dass man keine Witze machen sollte beim ersten Geschäftstreffen."

Im Geschäftsbereich ist der Aufbau von guten Kontakten genauso wichtig wie in anderen Ländern, aber es gibt eine deutliche Trennung zwischen Privat und Arbeitsleben. Dies ist etwas, das zum Beispiel in Italien, Spanien nicht so konsequent getrennt ist; der persönliche Kontakt, auch im privaten Bereich, ist dort die Basis für langfristige Geschäfte.

Obwohl es in Deutschland eine bestimmte Arbeitsethik gibt, und Deutsche im Ausland als sehr eifrig dargestellt werden, gibt es einen Begriff, den man in anderen Kulturen nicht kennt, den „Feierabend". Wenn man ein paar Minuten nach fünf ein deutsches Büro anruft, erreicht man häufig niemanden mehr; eine Seltenheit in anderen Ländern.

Einen Abend mal wirklich nichts tun, wird ernst genommen. Dies ist eine der historischen Leistungen der deutschen Arbeitskulturgeschichte und ist sicherlich auch ein Grund, wieso die Gesellschaft sich wirtschaftlich so gut entwickelte. In anderen Sprachen und Kulturen, auch der Historiker Wilhelm Heinrich Riehl nannte es so, würde man es beschreiben als eine „Atmosphäre des Wohlbefindens, der inneren Versöhnung". Ein Konzept das andernorts nicht so deutlich vorkommt.

Für die Funktion eines Managers werden hinsichtlich seiner Qualifikation eine gute Ausbildung, Erfahrung und Engagement vorausgesetzt.

Leider wird dabei oft die emotionale Intelligenz außer Acht gelassen, weil diese in den verschiedenen Ausbildungen nicht entwickelt, geprüft und gefördert wird.

Viele Manager fokussieren sich zum Beispiel auf Effizienz und Innovation bei technischen und logistischen Prozessen; auf das sogenannte Process Tweaking, doch die einfühlsame Kommunikation mit den Mitarbeitern ist nicht vorhanden. In vielen Teams gibt es verborgene Spannungen, Frustration und sogar Mobbing von Mitarbeitern. Dies alles führt unter Umständen zu Burnout-Problemen und Krankenabsenz bei den Mitarbeitern.

Auch dafür ist oft das Verhalten der Führungskräfte verantwortlich. Sie haben kein wirkliches, rein menschliches Interesse an den eigenen Mitarbeitern, sind unfähig, diesen zuzuhören, weil ihnen Offenheit und Verbindlichkeit in der eigenen Kommunikation fehlen, sie fordern und fördern nicht ausreichend, geben wenig konstruktives, faires Feedback und kaum tatkräftige Unterstützung oder Anerkennung für erbrachte Leistungen, sie weichen Konflikten aus und schaffen kein Wir-Gefühl. Die Aufzählung schlechter Verhaltensweisen ließe sich fortsetzen. Mitarbeiterbefragungen können solche Probleme aufzeigen.

Auch unter den Mitarbeitern selbst ist emotionale Intelligenz, Selbstverantwortung und die Beachtung ihres persönlichen und gegebenenfalls systemischen Hintergrundes sowie der unbewussten Verhaltensmuster äußerst wichtig. Leider bemühen sie sich auch nicht immer besonders, mit ihren Vorgesetzten klarzukommen. Erfahrungsmäßig in meinem Geschäftsleben, ärgern sie sich oft, aber nehmen selbst auch nicht immer die Verantwortung eine unklare Situation oder Konflikte aus der Welt zu schaffen. Ein Gleichgewicht beim Geben und Nehmen ist in jedem Umfeld wichtig.

Wie können Führungskräfte verhindern, dass sie scheitern? Emotionale Intelligenz hilft enorm. Der amerikanische Psychologe Daniel Goleman hat diesen Begriff Mitte der neunziger Jahre weiterentwickelt. Mittlerweile gibt es zahlreiche Studien, die belegen, dass Manager mit EQ erfolgreicher sind als die, die allein auf ihren IQ setzen. Emotionale Intelligenz besteht aus fünf Elementen:

1. **Selbstreflexion**: die Fähigkeit, die eigenen Stärken und Schwächen, Bedürfnisse und Werte realistisch einzuschätzen. Manager mit guter Selbstreflexion suchen konstruktives Feedback von anderen – auch und gerade von ihren Mitarbeitern. Sie sind ehrlich mit sich selbst und müssen anderen nichts vormachen.

2. **Selbstmanagement**: nicht zum Gefangenen der eigenen Gefühle werden, sondern auch bei Frustrationen oder Ärger konstruktiv bleiben. Studien zeigen, dass Mitarbeiter von Führungskräften, die häufig gute Laune haben, produktiver sind als andere.

3. **Motivation**: Manager mit einer hohen Motivation stellen hohe Anforderungen. In erster Linie an sich selbst, erst dann an ihre Teams. Sie entwickeln eine wirkliche Hingabe für das, was sie tun. Und sie bleiben auch in Zeiten großer Herausforderungen zuversichtlich.[3]

Vor kurzer Zeit beklagte sich ein deutscher Wissenschaftler über die „Zombies" in vielen Unternehmen: Mitarbeiter die einfach keine Begeisterung mehr fühlen für das, was sie machen. Man fühlt sich oft eingeklemmt und gebremst bei Initiativen, weil keine Zeit für Dialog, kein Raum dafür vorhanden ist: „Time is money – der Nächste, bitte!"

Das beste Beispiel hierfür sind wohl die heutigen Call-Center, in denen genau angezeigt wird, wie vielen Kunden man geholfen hat; selbst die Zeit für Toilettengänge wird getimt.

Sind die „Zombies" nicht letztendlich eine Konsequenz der Politik, bei der „Nachhaltigkeit, Respekt für den Menschen" nur Schlagworte sind ohne Inhalt? Eine Politik, mit der die Ausbeutung von Menschen, mancher Länder und ihrer Natur-Ressourcen durch Outsourcing zur Normalität gehören? Eine Politik vieler Unternehmen, die ihre Seele, die Begeisterung des Teams und des individuellen Mitarbeiters verloren haben? Eine Politik der Geldgier, wo Geld kein Mittel zum Erzielen von Mehrwert im Leben ist, sondern das Ziel selbst darstellt im Handel und in der Gesellschaft?

---

3   Quelle: Die Zeit Archiv Jahrgang 2015 Ausgabe 38 Wirtschaftspsychologie: Emotionale Intelligenz hilft

Es wird wirklich Zeit, eine neue Philosophie anzunehmen, mit der man endlich realisiert, dass alles und auch alle Länder miteinander verbunden sind und wir gemeinsam die Verantwortung für eine bessere Gesellschaft tragen.

Und wir alle kennen natürlich die sogenannten Evaluationsgespräche, die im Berufsleben wie eine dunkle Wolke über dem Kopf jedes Mitarbeiters hängt. Der Moment, in dem jeder mittels Fragebogen beurteilt wird und eventuelle Beschwerden, Sachen von „Hörensagen" und neue Forderungen ausgesprochen werden. Anhand der Fragebögen wird dann alles irgendwie gemessen, manchmal ohne fundiertes weiteres Wissen über die Person und ihre Beweggründe. Hierbei kommt die Frage nach den Motiven des Handelns ebenso wie der Dialog darüber leider zu kurz.

Es ist ein Rennen, bei dem man versucht, im bestmöglichen Licht zu erscheinen und bei dem das ethische Verhalten nicht unbedingt Priorität hat.

Nicht alles ist, wie es scheint

Beim pferdegestützten Coaching ist keine Erfahrung im Umgang mit Pferden notwendig. Man wird kein Pferd reiten oder auch nur aufsitzen müssen und zudem genügend Zeit für eine ausführliche Einweisung in den Umgang mit den Tieren genießen. Falls man eine Scheu vor Pferden hat, wird man achtsam in den Kontakt mit den Pferden gebracht.

Ziele des Coachings:

Pferde sind hervorragende Feedback-Geber. Im Umgang mit ihnen erkennt und erlebt man seine individuellen Verhaltens- und Kommunikationsmuster sehr intensiv. Im Coaching-Prozess werden wir diese Muster hinterfragen, alternative Ansätze erproben und gemeinsam ein persönliches Zielbild und einen konkreten Umsetzungsplan erarbeiten. So können wir sukzessive den Transfer der Erkenntnisse im Alltag festigen.

Die Teilnehmer erkennen ihre Entwicklungspotenziale und Veränderungskompetenzen, und sie lernen, ihre Kommunikation klarer und menschlich verbindend zu gestalten."

Einige Sales-Manager kamen eines Tages für ein Leadership Coaching mit Pferden zu mir. Der Direktor der diesen Workshop mit mir organisiert hatte, fand es ebenfalls interessant und wollte gerne dabei sein. Die Gruppe stand hauptsächlich aus Männern, nur zwei Frauen waren dabei. Es wurden schelmische Witze gemacht und viel gelacht, wahrscheinlich, um die Spannung bei dem noch unbekannten Coaching etwas zu dämpfen. Der Direktor blieb ziemlich formell und zeigte seine Überlegenheit und respektvolle Präsenz. Er schien jemand zu sein, der sich kraftvoll äußern konnte und alles unter Kontrolle hatte.

Der Treffpunkt war eine Manege im Münsterland. Zum Glück war es sehr ruhig, und wir konnten uns in aller Ruhe auf das Coaching der einzelnen Manager konzentrieren. Wir würden dieses Mal bei jedem Teilnehmer eine intra-persönliche, reflektive Session machen, um den jeweiligen Leadership-Stil und die nonverbale Kommunikation zu analysieren und mithilfe der Pferde und einer Übung weiter optimieren. Diese Übung würde bestimmt unbewusste Verhaltensmuster zum Vorschein bringen; etwas, das ziemlich konfrontierend sein kann. Hierzu benutzten wir einen kleinen Ring mit einem Pferd, das frei herumlief und mit seiner Körpersprache das Verhalten des Managers spiegelte.

Der Direktor präsentierte sich gerne als erstes Versuchskaninchen. Ich bat ihn, zuerst einige Atemübungen zu machen und sich dabei zu entspannen. Der Vorteil hierbei ist, dass eine Person sich total auf sich selbst fokussiert, sich ihrer Gefühle und seines Körper bewusst wird und damit auch seiner Intuition. Als Coach bitten wir den Menschen, sich immer auf sein Körpergefühl zu verlassen und sich dorthin zu begeben, wo die Beine ihn hintragen. Selbstbewusst und kontrolliert nahm der Mann in dem Ring einen Platz ein, als ob er ein Business-Meeting machen wollte.

Pferde sind nicht beeindruckt von Titeln, Funktionen oder Äußerem und gehen gleich auf die Essenz einer Person ein. Der Mann stellte sich nicht weit entfernt vom Pferd hin. In diesem Moment lief das Pferd leicht auf ihn zu und schien sich größer zu machen als der Mann. Der Mann streckte sich nochmal als wolle er dem Pferd seine Kraft und Kontrolle zeigen. Nach ein paar Sekunden nahm das Pferd eine konfrontierende Haltung ein und stieß sogar leicht mit seinem Kopf gegen die Schulter und den Arm des Mannes.

Ich fragte den Herrn, was er dabei empfand. Er antwortete darauf, dass er sich fühle, als wäre er in einem Konflikt. Als ich ihn fragte, ob er diese Situation in seinem Berufsleben kennt, gab er zu, dass er sich öfters mit Mitarbeitern stritt; dabei ging es um Protokolle und Deadlines, die eingehalten werden mussten.

Selbstverständlich sollte man produktiv sein in der Arbeit, aber war die Kommunikationsart richtig?

Er musste einen Moment nachdenken, kam aber nicht gleich auf eine Antwort. Er war offensichtlich sogar ziemlich angetan von der Session mit dem Pferd.

Ich bat den Mann, seine Augen zu schließen und sich etwas mehr zu entspannen – die Spannung im Raum war nämlich zu spüren – und sich auf seinen Atem und das Gefühl zu konzentrieren. Gerade wenn jemand eine Verbindung zwischen Verstand und Gefühl herstellt und sich dabei entspannt, entsteht eine komplett andere Energie. Nach einigen Momenten konnte sich auch das Pferd mehr entspannen und stand etwas ruhiger neben ihm. Eine Übung die dieser Herr auch während seiner Arbeit machen könnte.

Hier hat man es schon mit einer Konditionierung zu tun. Dabei handelt sich um ein unbewusstes Verhalten, das durch Erziehung und Umgebung geprägt wurde: alles unter Kontrolle zu haben und so perfekt wie möglich seine Funktion auszuüben. Dies an sich verursacht schon einen bestimmten Stress, wobei man unbewusst davon überzeugt ist, dass etwas nie gut genug ist. Solche Menschen könnten sich dadurch schon schnell in ein Burnout bewegen. Die eigene Person wird schon nicht als ausreichend betrachtet und soll ständig perfektioniert werden.

Richtiges Leadership besteht aber darin, die Autonomie zu vergrößern und sie loszulassen, statt die Fäden in der Hand zu halten.

Als der Herr aus dem Ring gehen wollte, spielte das Pferd mit dem Halfter, das gerade auf dem Boden lag. Dieses Spielen und Berühren von Zaum oder Halfter wird in der Tat auch als Konditionierung des Menschen interpretiert. Als ich den Direktor fragte, war er erstaunt und schien noch nicht an diese Option gedacht zu haben.

Fast jeder Mensch ist mehr oder weniger konditioniert, und wird durch seine persönlichen, unbewussten Überzeugungen und Verletzungen aus der Vergangenheit beeinflusst. Es gibt dann eine Tendenz, sich den Erwartungen anderer anzupassen. Die scheinbar starke Haltung des Direktors war in diesem Fall eine Maske um diese Konditionierung, seine Schwächen zu verdecken.

Bei einem systemischen Coaching mit Pferden könnte man noch tiefer auf die Thematik eingehen und gerade den Einfluss der Eltern oder anderer Familienmitglieder in der früheren Kindheit aufklären und korrigieren.

Im systemischen Bereich geht es letztendlich um diese Balance zwischen Geben und Empfangen. Wenn der Mensch noch diesen Einfluss und all das, was er bei den Eltern gehört hat, mit sich trägt, kann er sein Leben nie wirklich in Freiheit leben. Gerade in einem Manager-Job empfindet man Vorteile, wenn man im Kontakt mit dem Team nicht von beschränkenden unbewussten Überzeugungen blockiert wird.

Der nächste Manager war ein sehr ruhiger, sogar schüchterner Mann; er sagte wenig in der Gruppe.

Als er sich in den Ring stellte, stand das gleiche Pferd ganz ruhig und entspannt neben ihm. Als der Mann anfing zu laufen, folgte das Pferd ihm; als er still stehen blieb, stand das Pferd hinter ihm auch ohne Bewegung; eine unglaubliche Chemie wurde sichtbar, und es zeigten sich natürliche Leadership-Qualitäten, die man nicht erahnt hatte. „In der Ruhe liegt die Kraft", sagte man früher in meiner Familie. Gerade durch die Ruhe in sich selbst zu finden, authentisch zu bleiben, einfach im Jetzt zu „SEIN" und keine „Herrschertyp"-Haltung zu benötigen, kann man Situationen besser meistern und mehr Verbindung zum anderen Menschen erlangen.

Es zeigte sich eine Persönlichkeit, auf die Personalchefs und Sales-Direktoren meistens nicht positiv reagieren würden. Sie fallen häufig eher auf eine Bravour Maske herein, auf Äußerlichkeiten, die oft Unsicherheiten verdecken und auf viele Menschen einschüchternd wirken.

Deswegen glaube ich, dass es wirklich Zeit wird, auch im Personal- und Recruitment-Bereich das Glaubenssystem zu ändern und mehr Kenntnisse, Einfühlungsvermögen und Weitblick zu fordern. Nur dann kann man nachhaltige Unternehmen gründen, in denen Menschen sich wohlfühlen!

Ein Team – Process-Tweaking oder Menschliches Potenzial?

Es bleibt eine sehr aktuelle Frage für nachhaltig wirtschaftende Unternehmen: Wie optimiert man Prozesse und Teams? Es ist allgemein bekannt, dass das menschliche Potential oft stärker bestimmend ist für den Erfolg als das ständige Process-Tweaking. Aber was sind wirklich die Voraussetzungen für optimale Rahmenbedingungen? Und wie führt man ein holistisches ausbalanciertes Leadership?

Leider genügt es nicht, nur den einzelnen Mitarbeiter zu betrachten, sondern man muss die Dynamik eines ganzen Teams sehen. Oft gibt es, außer mangelnden Kommunikationsmöglichkeiten, verborgene Spannungen, Frustration oder viel Unausgesprochenes, durch das man nicht optimal miteinander arbeiten kann. Die Folgen sind dann zunehmende Krankmeldungen, Burnout-Probleme und dadurch wiederum extra Spannungen im Team, weil jemand anders die Arbeit machen muss. Kostensparend ist das nicht.. Das wird leider auch teuer für den Manager, den CEO – plus extra Stress.

Hier handelt es sich meist um mangelnde Synergie und viel Misstrauen unter den Kollegen. Man sollte auch nicht vergessen, dass hierbei der Managementstil eine große Rolle spielt: Ist einseitige Kommunikation von den Managern vorherrschend, oder fließt die Kommunikation zwischen allen Kollegen? Wobei wieder eher die emotionale Intelligenz der Führungskraft eine wichtige Rolle spielt.

Aber auch das System jeder einzelnen Person spielt in diesem Zusammenhang eine nicht zu unterschätzende Rolle und bestimmt die Chemie im Team. Nimmt jeder seinen Platz, seine Position ein?

Oder gibt es dort Blockaden? Fühlt jeder sich in diesem System – dem Unternehmen – gesehen bzw. geschätzt, damit er sein volles Potential einbringen kann und mit den anderen in Verbindung ist?

Mit diesen Fragen werden wir in der Zukunft bestimmt öfters konfrontiert werden, gerade weil man ein nachhaltig optimiertes Unternehmen sein möchte und bleiben möchte.

Ein Team bestand aus zehn Therapeuten, die viel zusammenarbeiten mussten. Jeder Therapeut war zuständig für ein bestimmtes Viertel der Stadt. Die Kommunikation war dennoch essenziell, obwohl man nur Kontakt übers Telefon und Mail hatte und man sich wenig traf.

Ich bat die Gruppe, einen Platz im Ring auszusuchen. Man nahm Plätze ein – ziemlich weit voneinander weg: Eine gewisse Distanz war zu spüren. Jeder hatte natürlich einen Platz im (Berufs)Leben, aber man sollte seinen eigenen Platz auch einnehmen können. Die Pferde blieben vorerst an der Seite und suchten keinen Kontakt. Sie amüsierten sich mit kleinen Blättern am Weidenbaum, und hatten kein Auge für die Menschen oder das schöne gute saftige Gras an anderen Stellen. Die Pferde zeigten wenig Lust auf Kontakt und deuteten einen bestimmten Mangel oder Bedarf, symbolisiert durch das Knabbern der Weidenblätter. Ein klares Indiz bei systemischer Arbeit, dem immer nachgegangen werden sollte, um auf der richtigen Spur zu bleiben. „Wie war die Atmosphäre, der Kontakt in der Gruppe?"

Man reagierte reserviert.

Eine Person fing an, über die Protokolle in der Arbeit zu reden. Andere redeten über den täglichen Druck. In diesem Moment lief ein Pferd von außen in die Gruppe hinein und blieb bei einer Person in der Mitte stehen.

Ich fragte die Frau, was sie glaubt, dass das Pferd ihr sagen will. Es blieb still: Die Frau äußerte sich nicht gleich, dann sagte sie, dass jeder im Team nur für sich arbeitete. Danach folgte wieder Stille.

Das Pferd stellte sich plötzlich neben die Person, zwischen sie und mich (die „Fohlenposition"): Es ertönte ein kleines Schluchzen: Die Frau begann zu erzählen, dass sie einige Zeit mit einem Burnout gekämpft hätte und man sich nie für ihre Situation interessiert hätte; man würde ständig über Protokolle reden und noch mehr Druck ausüben. Die Gruppe schwieg, und als ich nachfragte, ob man hiervon wüsste, kam der Dialog langsam in Gang.

Hiernach lief das Pferd auf eine andere Person zu. Eine Mitarbeiterin die viel mit der ersten Person zu tun hatte, wie sich herausstellte. Sie fing an, sich zu entschuldigen und sagte, sie hätte nicht geahnt, wie sehr sich die Frau alleine in der Arbeit gefühlt hätte ... über Gefühle würde in der Arbeit ja fast nicht geredet.

Die Gruppe kam näher zueinander, und man stand an einem bestimmten Punkt zusammen im Kreis. Die Pferde hatten durch den gegenseitigen Dialog neue Möglichkeiten für die Zusammenarbeit eröffnet.

Obwohl es im deutschen Geschäftsleben doch ziemlich rigide zugeht bezüglich der Emotionen in dem Arbeitsumfeld, wurde dieses neue Erlebnis in der Natur als sehr positiv und authentisch empfunden.

Frankreich

Auf der Ranch in Gruissan in Südfrankreich arbeitete ich mit vier Pferden; Quieto, Juan, Olaf und Querido, wobei weitere Pferde auf offenem, stabilem Gelände um sie herumstanden. Die Idee der systemischen Arbeit mithilfe von Pferden richtig zu erklären, war von Anfang an ziemlich schwierig. Die Aktivität wird leicht mit der von „Pferdeflüsterern" verwechselt oder mit sonstigen New Age Phänomenen verglichen, die schwer zu verstehen sind. Es scheint ein Aspekt der Bedrohung für die Menschen zu existieren, an der persönlichen Entwicklung zu arbeiten, weil es sie mit Schwächen oder Unsicherheiten konfrontiert.

Der Begriff „Emotionale Intelligenz" wird öfters von französischen Wissenschaftlern mit Skepsis betrachtet, wahrscheinlich auch deshalb, weil Frankreich eine sehr Vernunft-orientierte Gesellschaft ist, in der bestimmte Traditionen, Bürokratie, Hierarchien und Protokolle noch als sehr wichtig angesehen werden. Dazu kommt die Tatsache, dass das Konzept aus den Vereinigten Staaten stammt und die angelsächsische Kultur in Frankreich oft nicht als etwas Positives betrachtet wird, weil sie sich zu wenig mit Kulturunterschieden befasst und besonders in den letzten Jahren eine Art „Gewinnerkultur" ohne Ethos im Wirtschaftsleben darstellt.[4]

„Amerikaner machen einfach zu viel", ist ein Gefühl, das viele Franzosen in Bezug auf Amerikaner haben. Franzosen leben mehr im Augenblick. Sie schätzen den Moment am Tisch, mit Familie und mit Freunden auf der Terrasse. Die „excited" Emotionen der

---

[4]   Emotions, organisation et management : une réflexion critique sur la notion d'intelligence émotionnelle parJean-François Chanlat Professeur, Hec MontréalProfesseur associé,Université Paris-Dauphine

angelsächsischen Kulturen zum Beispiel sind in Frankreich weniger bekannt.

„Gerade Emotionen stehen Berufschancen im Weg", sagt der französische Journalist Jean Laurent Cassely in Slate.fr:[5]

„Wenn Sie in Ihrem Job Daten analysieren oder Autos reparieren, kann es höchst unpraktisch sein, die Gesichtsausdrücke, Körperhaltungen der Menschen um Sie herum lesen zu müssen. In solchen Jobs macht die emotionale Intelligenz weniger Sinn."

Leider vergisst der etwas archaische Autor hierbei, dass dieser Monteur doch vielleicht einen guten Kontakt zu seinem Kunden herstellen muss, um ihn als Auftraggeber zu behalten. Emotionen sollten natürlich authentisch sein, aber ein Leistungsträger, der nicht zuhören und auf die Bedürfnisse seiner Kunden eingehen kann, hat auch nur einen Teil seines Geschäftes im Griff. Dabei könnte ihn ein gutes Maß an Empathie auch sein Privatleben bereichern.

Leider wird ebenfalls gedacht, dass emotionale Intelligenz für manipulative Zwecken benutzt werden könnte.

Tatsächlich können hochintelligente Menschen auf diese Weise andere beeinflussen. Aber die emotionale Intelligenz, die bei den Pferden vorhanden ist und die eigentlich auch nur diesen Namen tragen sollte, ist das innere intuitive Wissen und Fühlen dass wir alle miteinander verbunden sind und dabei gleichzeitig einem größeren Ganzen dienen. Dies ist das sogenannte „in seiner authentischen Kraft stehen", wobei es nicht nötig ist, seine Frustration oder Egoismus mit Manipulation zu kompensieren. Pferde kennen diese psychopathischen Masken nicht, werden diesen Personen in einer Session gleich ihre Maske vor Augen führen und den systemi-

---

5   Le côté obscur de l'intelligence émotionnelle – 5 janvier 2014; http://www.slate.fr/source/jean-laurent-cassely

schen Grund, wieso diese Maske getragen wird, offenlegen. Emotionale Intelligenz sollte vor allem eine bessere Beziehung zu sich selbst und zu anderen etablieren und mehr Harmonie im Umfeld schaffen!

Bedauernswert ist, dass das Konzept dieser Intelligenz zu oft für neoliberale Zwecken benutzt wird und die Nachhaltigkeit und das Ethos dann vernachlässigt werden. Die französischen Gegner der Notwendigkeit der emotionalen Intelligenz bieten keine Alternative, um in der Wirtschaft Menschlichkeit und Nachhaltigkeit zu fördern. In der Politik und in der Wirtschaft wird das Entwickeln persönlicher, emotionaler Fähigkeiten auch nur als sinnvoll betrachtet, wenn dies vom Vorstand oder von der Elite so gesehen wird, was in der französischen Kultur meistens noch nicht der Fall ist. Kommunikation auf Augenhöhe in vielen Bereichen wird dadurch erschwert und Frustrationen bleiben verborgen, bis die negative Energie zu viel wird und das Ganze bei passiver Aggression, oder einem Konflikt (z. B. einem Aufstand oder Revolution) in der Gesellschaft aktiv explodiert.

Der Franzose wird in seinem Schulsystem mit cartesianischen Prinzipien, konservativ und nach vielen alten Ideen geschult. Konservative Institutionen wachen über genügend französischen Input – leider mit Vernachlässigung der Optimierung von Fremdsprachen und Sprachstunden; die jungen Leute werden mit altmodischen Themen und Texten in Fremdsprachen nicht gerade begeistert.

Mathematik und Philosophie können wunderbare Fächer sein, aber es mangelt an erfrischenden Ideen und Ansätzen.

Hinzu kommt, dass die Förderung der empathischen Fähigkeiten total im Hintergrund steht. Der französische Schüler soll etwas leisten, und zwar nach altem Modell und festgelegten Kriterien.

Fällt jemand in der Schule beispielsweise durch Dyslexie oder Hochsensibilität mit schlechteren Noten auf, wird er auch außerhalb des Schulsystems in der Gesellschaft durchfallen. Dies ist leider ein Phänomen, das in mehreren europäischen Ländern existiert und die Freude am Lernen nimmt. Was ist der Sinn des Erlernens, wenn das Herz, das Gefühl, die Begeisterung nicht dabei sind?

Studien haben immer wieder belegt, dass man dann weniger aufnimmt und den Stoff nur kurzfristig in Erinnerung behält. Der Weg in die Zukunft bleibt trotzdem meistens konventionell, und auch die meisten Firmen sehen Schulung und Training als etwas an, das nur in bestimmten Fällen von Nutzen ist, obwohl das französische Gesetz das Kompetenzentraining im Unternehmen fördert; Persönlichkeitsentwicklung wird dabei schon gar nicht als eine Priorität betrachtet.

Eine SAGE Journals-Publikation am 2. Mai 2017 über Unternehmens- und Einzelschulungen in Frankreich:

„Kurse und Trainings sind die Aktualisierung von Fähigkeiten, die Entwicklung von Fähigkeiten und die Verbesserung von Fähigkeiten – abhängig von den Entscheidungsprozessen, der Bedeutung, die sie der Mitarbeiteragentur einräumen, und den Trainingsergebnissen. Während Personalpolitiken, die Ausbildungsmöglichkeiten bieten, in französischen Organisationen wichtig sind, hängt die Ermöglichung individueller Fähigkeiten letztendlich von den Mitbestimmungssystemen der Arbeitnehmer ab. Der Artikel argumentiert weiter, dass ‚dieses Ziel nicht durch kollektive Stimme allein erreicht werden kann; In der Berufsausbildung spielt die individuelle Stimme eine ebenso zentrale Rolle'.“[6]

---

6   „Voice in French corporate training: A critical issue in developing employee capability" Dilip Subramanian, Bénédicte Zimmermann - 2. Mai 2017

Das Languedoc-Gebiet ist ein extremes Beispiel für diese Tendenz. Die Menschen in dieser Region sind sehr traditionell und müssen sich an bestimmten Konventionen und gemeinsamen Vorstellungen orientieren. Dieses Gebiet war vor gut zwanzig Jahren wirtschaftlich noch völlig isoliert. Erst in den 90er Jahren wurde der Tourismus gefördert und durch den Aufbau neuer Projekte, neue Investoren, wirtschaftliche Aktivität entwickelt.

Trotzdem haben die meisten Menschen immer in der gleichen Gegend gelebt. Wenn sie krank sind, werden sie einen Arzt besuchen, wenn sie sich deprimiert fühlen, werden sie zu einem Psychologen gehen. Andere Berufe dazwischen haben noch keinen sehr stabilen Status, da die Menschen noch nicht viel Erfahrung mit alternativen Therapie- und Coaching-Möglichkeiten haben.

Die Wahrnehmung von Pferden in Frankreich ist vor allem eine traditionelle: Der Mensch beherrscht die Pferde und benutzt sie zum Arbeiten, Reiten oder für den Sport. Das Pferd soll seinem Herrchen oder Frauchen gehorchen. Obwohl die Idee der Partnerschaft zwischen Mensch und Pferd langsam Einzug hält, erkennt man das Pferd noch nicht als Meister für Coaching-Zwecke!

Coaching mit Pferden ist in Frankreich kein allgemein bekanntes Phänomen. Es gibt Workshops à la Rupert Isaacson in einigen Manèges. Es gibt ein paar Trainer, die sich in Frankreich auf reflektives Coaching spezialisiert haben, aber die Beteiligung, auch von Unternehmen, ist immer noch begrenzt. Dies sollte unbedingt noch weiterentwickelt werden!

Erfolg im Berufsleben: die Frage hinter der Frage

„Ich weiß nicht genau, worüber ich etwas wissen möchte", sagte sie unsicher am Telefon. „Vielleicht wäre mehr Erfolg in meinem Berufsleben interessant. Ich muss mich überall so durchschlagen, ohne Erfolg!"

Valérie hatte mich über Facebook kontaktiert und wollte diese neue Art von Coaching gerne ausprobieren. Ich hatte das Gefühl, sie sah es als ein Spiel an, denn sie fragte mich, welche Art Dressurfiguren sie reiten müsste.

Ich erklärte ihr, dass man nur mit der Natur der Pferde arbeiten würde und mittels ihrer systemischen Sensibilität Lebensthemen erörtern könnte.

Da diese Art von Coaching nicht bekannt war in der Region, wollte ich es den lokalen Einwohnern einfach mal anbieten. Ein paar Bekannte hatten ängstlich reagiert und „Nein, ich fühle mich gut!" darauf geantwortet. „Ich bin etwas skeptisch gegenüber Pferdeflüsterern."

Natürlich musste ich dann weiter erklären und erwähnen, dass Pferdeflüsterer etwas ganz anderes machen und es sich bei diesem Coaching nicht um Magie oder esoterische Ideen handelt, sondern um ganz natürliche Logik.

Am Samstag stand Valérie mit ihrem Mann und ihren Kindern vor mir.

Ich fragte sie, ob sie wollte, dass ihr Mann sich an dem Coaching beteiligte. „Ja, natürlich!", antwortete sie.

Es ist faszinierend, wie der „Zufall" gerade die Menschen und Themen zusammenbringt, die notwendig sind, um den Klienten weiterzuhelfen. Valérie hatte ja eine Frage über ihr Berufsleben, und dabei dachte sie bestimmt, vor tieferen Themen geschützt zu sein.

Das Pferd ist allerdings äußerst ehrlich in seinem Wesen und wird gerade das hervorbringen, was wesentlich ist für die Entwicklung eines Menschen; ein Element mit dem er weiterarbeiten kann.

Valérie hatte selber Pferde und fühlte sich gleich wohl zwischen Quieto, Juan, Olaf, Tanka und Querido. Ich erklärte ihr nochmals, wie das Coaching geführt wird und dass sie selber ihrem eigenen Gefühl dabei folgen müsse. In dem Moment, wenn ich eine Frage stellen oder etwas suggerieren würde, würde ich immer beobachten, ob das wirklich für sie zutraf.

Valérie suchte sich ein Fleckchen in dem Feld zwischen den Pferden, wo sie sich in dem Moment wohlfühlte.

Alle Pferde liefen unruhig hin und her, als ob es keine richtige Balance in der Umgebung gäbe.

Ich fragte sie, ob sie in dieser Unruhe in ihrer Umgebung etwas wiedererkennen würde, und was sie glaube, woher das kommen könnte. Sie antwortete, dass sie in der Tat ziemlich viel Stress in ihrer Arbeit empfand. „Und in deinem Privatleben?", fragte ich. „Ja", gab sie zu, „dort auch!"

Das Pferd Quieto hatte sich in einigem Abstand zu den anderen hingestellt und stand sehr ruhig dort, im Gegensatz zu den übrigen. „Wer könnte das sein?", fragte ich sie.

Ohne Pause sagte sie impulsiv: „Das ist mein Mann. Der bleibt immer ruhig! Jeder wird ihn um Rat bitten", antwortete sie.

Ihr Mann war inzwischen außerhalb des Feldes, abgelenkt durch andere Sachen. Ich fragte Valérie, ob sie sich näher zu ihrem Mann stellen möchte. Aber dieses Gefühl hatte sie nicht; sie bräuchte Abstand wurde irgendwie deutlich.

Ich bat den Ehemann, einen Platz im Feld einzunehmen, und ohne, dass er unser Gespräch gehört hatte, stellte er sich weiter weg von ihr. In der Nähe von Quieto, mit dem er sich unbewusst identifizierte.

Ich zeigte Valérie den Abstand. Sie zuckte mit ihren Schultern und sagte, das wäre immer schon so gewesen. Ihr Gesicht schaute betrübt und wirkte etwas durcheinander. Dies hatte sie scheinbar nicht erwartet, und das Ganze ging tiefer, als sie dachte.

Tanka stand auch sehr weit von ihr entfernt. Wen stellte er dar?

Jemand anderes, der ihr gegenüber etwas distanziert war in der Familie? Ganz in der Ecke?

„Mein Vater!", sagte sie impulsiv. Dann hielt sie inne, als ob sie zu viel gesagt hätte. Die natürliche Umgebung und die Pferde machten sie offener, als sie sich normalerweise gab.

Ganz natürlich kam plötzlich das Gespräch auf ihre Mutter, die schon Jahre von ihrem Vater getrennt war. Sie hätte einen guten Kontakt zu ihrer Mutter, obwohl der Kontakt immer sehr hektisch war und die Mutter oft kritisch ihr gegenüber wäre. Sie sah in der Gestalt von Juan, der nicht so weit weg graste, deutlich die Mutterfigur. Ich bat sie, einem Repräsentanten (es hatten sich einiger dafür zur Verfügung gestellt) den Platz für ihre Mutter zu geben.

Als ich nach ihrem Vater fragte, wurde sie etwas reserviert. „Über ihn möchte ich nicht reden; er ist irgendwie verschwunden, versucht mit mir Kontakt aufzunehmen, aber ich möchte das nicht."

Ich fühlte, dass es hier viel Unverarbeitetes gab und wir uns erst auf ihre Mutter konzentrieren sollten. Die Mutter stand ziemlich kühl da. (Die Repräsentanten zeigen irgendwie automatisch die Haltung der Person, die sie darstellen und empfinden die Energie und deren Gedanken und Gefühle teilweise bzw. größtenteils.) „Sie war nie herzlich zu mir!", sagte sie, „Aber seit ich meine Tochter habe und sie regelmäßig auf sie passt, wenn ich arbeite, reden wir schon etwas mehr miteinander."

In diesem Moment trat Querido, das junge Pferd hervor und stellte sich zwischen Mutter und Tochter, legte sanft seine Nase auf die beiden Hände, als sie sich anschauten.

Die Worte der Liebe kamen tollpatschig aus dem Mund der Mutter. „Genau so wie bei meiner Mutter, die kann auch nicht ihre Gefühle zeigen."

Aber mit der Tochter wurde es einfacher für sie. Auch ihre leibliche Tochter stellte sich spielerisch dazu. Bei Valérie kamen Tränen auf und sie sagte, sie würde ihre Mutter besser verstehen: Sie wüsste, dass sie auch nicht viel Liebe bekommen hatte von ihren Eltern. Die Tochter hätte jetzt eine neue Öffnung zwischen den beiden kreiert. Querido stand zärtlich zwischen den beiden und verkörperte deutlich die Tochter.

Valérie seufzte und sah dies als das Ende der Session. „Ich fühle mich emotional stärker auf diese Weise."

Sie wollte sich losmachen und den anderen Pferden danken, wie man es normalerweise macht bei solchem Coaching. Danach wollte sie sich ihrem Mann nähern, der noch weiter weg alleine im Feld stand.

Als Valérie sich aber ihrem Mann näherte, wurde ihr Weg von Olaf, dem Friesen blockiert. Er weigerte sich, zur Seite zu gehen, und war ganz deutlich in seinem Signal: Sie sollte zu Tanka, ihrem Vater, laufen!

Ich spürte es ganz deutlich und fragte Valérie, was sie empfinden würde.

„Er drückt mich Richtung Tanka!"

„Was denkst du, warum?", fragte ich.

„Das ist mein Vater, aber ich will nichts mit ihm zu tun haben.“

„Olaf scheint es wichtig zu finden, dass du dort etwas erledigst, um deines eigenen Glücks und der Entwicklung willen.“

„Ich möchte aber nicht“, sagte sie unbeeinflussbar.

Früher hätte ich so eine Frau gepusht und versucht, sie zu überzeugen. Irgendwie verkörperte dieser Vater mich; meine Tochter würde mir jetzt manchmal genauso aus dem Wege gehen; war das gerecht? Ich hätte mich früher aber auch verantwortlich gefühlt, unglückliche Leute wieder glücklich zu machen.

Aber die Entscheidung, glücklich zu sein, kann nur von dem Menschen selbst kommen. Niemand außer ihm kann ihn dazu zwingen. Eine ganze Liebesgeschichte hatte ich mal auf diesem „Retten“ begründet, und jetzt hatte ich endlich mal das Gefühl für mich selbst Verantwortung zu tragen, für mein eigenes Glück. Das Helfen für andere besteht nun mal am besten, indem man ihnen einfach zur Seite zu steht, sie unterstützt und den Prozess ermöglicht.

Ich nahm also Abstand und stand neben der Frau als empathischer Beobachter und Partner.

„Es ist gut“, sagte ich. „Lass es erst mal ruhig in dir weiterarbeiten, verdaue dies alles. Es war schon ziemlich viel.

Du kannst immer mal wieder kommen.“

„Ja, natürlich“, meinte sie, froh, dass sie erlöst war.

„Nur in Freiheit kann man seine Wahl und wichtige Entscheidungen treffen.“

„Es war sehr intensiv“, sagte sie. „Ich komme gerne darauf zurück, vielleicht in einiger Zeit.“

Die assertive und empathische Seite eines Menschen werden in den ersten Jahren von den Eltern beeinflusst. Bekommt das Kind Raum und Vertrauen, um sich weiter zu entwickeln? Gibt der Vater, oder eine männliche Vertrauensperson dem Kind die Kraft, sich durchzusetzen und genügend Selbstvertrauen dafür? Ist die Mutter vielleicht sehr abwesend mit ihrer Aufmerksamkeit und bestätigt damit nicht genug die weibliche Seite der Tochter?

Irgendwie zeigten die Pferde in dieser Session, dass es an männlicher Aufmerksamkeit gefehlt hatte; das Durchsetzungsvermögen wurde nicht ganz ausgearbeitet. Die Verbindung mit dem männlichen Persönlichkeitsanteil sollte wiederhergestellt werden; mit ihrem Vater und dadurch auch mit ihrem Partner, wo es deutlich einen Abstand gab.

Diese Situation hat bestimmt auch eine Auswirkung auf das Berufsleben; das Verhaltensmuster wird weiter fortgesetzt und innerlich nicht neu angesteuert.

Pferde gehen direkt auf die Essenz eines Themas ein, und das war bei dieser Session ganz deutlich der Fall.

Olaf wollte die Klientin sogar nicht gehen lassen, ohne dass sie diesen Teil in ihr wieder „ganz" bzw. heil gemacht hatte.

Aber der eigene Willen des Menschen hat das letzte Wort.

„Erste Liebe" in einer Session mit einem französischen Paar

Ein Paar aus der Region vereinbarte einen Coachingtermin bei mir. Die Dame hatte eine Frage bezüglich ihrer Beziehung. Sie erwähnte, dass sie ihren Partner oft als ziemlich kalt ihr gegenüber empfand. Die Pferde Olaf und Querido gingen direkt auf sie zu und zeigten ihr den leichten Zugang zu ihrer emotionalen Welt, aber Juan und Quieto blieben in einiger Entfernung. Sie erkannte ihre Mutter in Juan die emotional auf Distanz von ihr blieb und ihr keine Wertschätzung zeigen wollte. Aber hatte sie selbst ihrer Mutter Wertschätzung gezeigt? Sie sah den Repräsentanten ihrer Mutter an und begann zu weinen: „Ich bedauere es, sie nicht genug geschätzt zu haben."

In diesem Moment gab es plötzlich eine ungeplante Störung aus einer unerwarteten Ecke, irgendwo auf der Ranch rief ein Mann böse und die Dame sagte, ohne hinzuschauen: „Das ist mein Ex. Er war sehr dominant und schrie mich immer genauso an!" Die Pferde wurden durch die Unruhe aus dem Feld gejagt, nur Querido und Juan blieben bei der Dame. Mit einem Repräsentanten für ihren Exmann konnte sie diese Geschichte abschließen und die Last, die sie für ihn getragen hatte, ihm zurückgeben. Nach dieser Intervention öffnete Juan den Weg zu ihrem Ehemann, und Querido stand zwischen den beiden und mir, um dem Paar diesen Privatmoment zu geben.

In dieser Session wurde die erste Liebe zuerst nicht erwähnt, sondern von dem unerwarteten „Repräsentanten" hineingebracht, der in diesem Moment einen Teil ihres Systems darstellte. Das Problem mit diesem Mann musste zuerst behandelt werden. Es sollte aufs Neue gespürt, durchlitten werden. Sie konnte dabei ihre Dankbarkeit äußern für die gemeinsame Zeit, und ihm das zurückgeben, was nicht zu ihr gehörte, und ihn gehen lassen.

Der Mann wollte seine eigene Last nicht gern nehmen, dennoch erkannte die Dame, wie viel Kraft sie selbst hatte, sie fühlte sich nicht abhängig von seiner Anerkennung und sogar erleichtert. Ich erklärte der Dame dass der schreiende Mann beim Ranch in dem Moment Teil des Systems war, und unbedingt wichtig für ihre spirituelle persönliche Entwicklung und ihre Beziehung zu ihrem Ehemann.

Italien

Das Land der Sonne, Kultur und Emotionen würde man sagen. Aber auch hier gibt es natürlich Konventionen, die oft noch sehr beeinflusst sind von der katholischen Kirche und eventuellen Missdeutungen. Gerade hier ist das Äußern der Gefühle Teil der Kultur, aber auch die äußerliche Erscheinung, „la bella figura", die Eleganz der Präsentation und der erste Eindruck spielen eine unglaublich große Rolle. Wenn man darin Erfolg hat, kann man oft in einer Karriere lange davon leben, ohne wirklich etwas Konkretes dafür zu machen!

In wissenschaftlichen Studien in Italien, werden neue Entwicklungen in der Wirtschaft und Gesellschaft genannt, in der sich die Jugendlichen alleine fühlen, nicht akzeptiert werden von der Außenwelt und sich mit ihrer Gefühlswelt nicht hinreichend auseinandersetzen. Es gibt Anzeichen für ein Wachsen des emotionalen Unwohlseins besonders unter den Kindern und jungen Leuten. Zusammen mit dieser Atmosphäre kommt die soziale Krise. Was insbesondere auffällt ist der Anstieg der Gewalt unter Jugendlichen. Italien verzeichnet nach den USA die höchste Mordrate. Dies zeigt, dass einige minderjährige Italiener schwerwiegende Mängel haben in Bezug auf ihre Selbstkontrolle, auf eine Fähigkeit, ihre Wut zu bewältigen, und einen Mangel an Empathie. Über die Möglichkeiten, soziale und emotionale Intelligenz entwickeln zu können, sagt der Kommunikationsexperte Marc Pletzel Folgendes:

„Firmen in Deutschland nutzen vielmehr die Anonymisierung, um den Kunden einfacher in einen Zustand des Kaufrausches führen zu können. Da würden ja soziale Kontakte nur ablenken. Haben Marktplatz oder Supermarkt ihre Funktion als Austauschzentrum vielleicht schon verloren? Wo werden sich Menschen in wenigen Jahren für diesen Austausch treffen? Wenn Sie südliche Länder wie Italien besuchen, dann

werden Sie vor allem in den kleineren Orten abends noch diese Art des Austausches zwischen Menschen beobachten können. Das sind selbstverständlich auch sehr gute Orte, um die soziale Kompetenz, das Miteinander zu trainieren. Gerade in Deutschland scheinen diese Foren verloren zu gehen, und der Mangel an Kontakten wird durch den massiven Fernsehkonsum, allgegenwärtige Computerspiele und Spielhöllen verstärkt. Auch die Kirche hat für viele diese Funktion gerade in den vergangenen zehn bis fünfzehn Jahren eingebüßt, und es scheint bisher nichts Gleichwertiges nachgewachsen zu sein. Die Möglichkeit, alleine zu leben, muss ja nicht bedeuten, dass jedes Mitglied einer Gesellschaft von dieser Möglichkeit tatsächlich Gebrauch machen muss. Viel sinnvoller kann es sein, gerade wegen der zunehmenden Vereinsamung vieler Menschen, die sozialen Fähigkeiten zu trainieren."

Die Vereinsamung des Menschen in der Gesellschaft hat sicherlich mit dem Mangel an diesen sozialen Treffpunkten und Fähigkeiten zu tun. Soziale Medien haben den Marktplatz und die Kirche ersetzt; „Likes" und Kommentare auf Facebook ersetzen die persönlichen Gespräche. Der Mensch hat den Bezug zu sich selbst, seiner Gefühlswelt, und zu den anderen verloren. Der Kontakt mit der Natur, den Tieren und Coaching mit Pferden, könnten diesen Bezug wiederherstellen.

Der Tyrann in einer Liebesbeziehung

Francesca mochte das systemische pferdegestützte Coaching mal ausprobieren, hatte aber keine spezifische Frage. Sie erzählte mir, dass sie sich manchmal Sorgen um ihren Sohn macht und eine Session über ihr Leben möchte und was sie tun könnte, um ihr Leben ausgeglichener zu machen. Sie wünschte hierbei auch gern einen Repräsentanten für ihren Sohn.

Die beiden Pferde schritten ununterbrochen zwischen ihrem „Sohn" und ihr hindurch, drehten Kreise und liefen wieder durch den Abstand der beiden. Das Gehen zwischen ihr und ihrem Sohn war sehr respektlos; sie schoben ihren „Sohn" und sie selbst weg. Es gab hier ein klares Thema über Grenzen, Respekt für den Raum des anderen.

Sie erzählte mir, dass ihr Platz in ihrem Leben nicht respektiert wurde. Francesca sprach über ihren Vater, und ich bat um einen Repräsentanten für ihren Vater. Sobald ihr „Vater" hereinkam, wurden die Pferde plötzlich wild. Sie liefen im Kreis und berührten sogar irgendwo ein Wespennest, was zu noch mehr Turbulenzen führte, sodass Leute von draußen herbeistürzten, um die Pferde zu beruhigen und die Wespen zu verscheuchen. Francesca erkannte ihren Vater in diesem Verhalten; immer Unruhe und Disharmonie, genau wie ihr Partner, der sie und ihren Sohn vor Jahren verlassen hatte.

In dieser Session wurde eine Intervention mit Francesca und ihrem Vater gemacht, wobei eine Balance kreiert wurde zwischen Geben und Nehmen und die unnötige Last, die ihrem Vater gehörte, zurückgegeben wurde. Sie bemerkte dabei, dass sie unbewusst einen Partner gewählt hatte, der ihrem Vater ähnelte, mit seinem Mangel an Stabilität und großer Dominanz. Indem sie zurückgab, was von ihrem Vater stammte, konnte sie ihr Leben wieder in die eigenen Hände nehmen. Sobald sie sich auf diesen Eingriff konzentrierte und Grenzen setzte, beruhigten sich die Pferde.

Ich erkannte meine eigenen turbulenten Beziehungen und neue Grenzen in meinem Leben.

Das Interessante bei dieser Situation ist, dass alle Pferde immer das zeigen werden, was gerade jetzt für die Entwicklung des Coachees wichtig ist, auch wenn die Person überhaupt keine Frage hat. Francesca deutete am Ende der Session an, dass sie das Thema ‚Grenzen' in der Tat sehr beschäftigt hatte.

Pferde haben gerade diese außergewöhnliche Kraft im Hier und Jetzt zu leben!

Kontrollierte erste Liebe

Mario, der Besitzer der Ranch, hatte (auch) keine Frage. Als ich ihn fragte, über welchen Aspekt seines Lebens er gerne mehr wissen wollte, sagte er: „Lasst uns einfach mal sehen, was die Pferde mir erzählen werden." Als er seinen Platz im Feld einnahm, gefiel ihm am meisten eine sehr zentrale offene Stelle: „So kann ich meine ganze Umgebung sehen und alles kontrollieren."

Die beiden Pferde blieben in einer gewissen Entfernung von ihm stehen und mieden den Kontakt; eine Anweisung, dass die Person nicht wirklich sich selbst gibt wie sie sich fühlt. Die Pferde standen schön nebeneinander. Sie zeigten eine gewisse Ordnung, fraßen Gras und entfernten sich langsam weiter von ihm. Als ich ihn nach Kontrolle fragte, sagte er, dass er sich gerne auf „Vernunft" und „den Verstand" konzentrierte und alles in seinem Leben und in seiner Arbeit gut organisiert wäre. Und was war mit seinen Emotionen, Gefühlen im Leben?

Mario sagte, dass er sich unwohl fühlte. Die Pferde bewegten sich mehr auf ihn zu, als Zeichen, dass die Person sich verstärkt zeigt, wie sie sich fühlt. Mario hatte sich am meisten mit dem weißen Pferd identifiziert, das für ihn den Verstand symbolisierte. Zu dem braunen fühlte er sich weniger hingezogen, gerade das Pferd was ihn mit seinen Gefühlen konfrontierte. Das machte ihn unsicher.

Ich fragte ihn, warum Kontrolle für ihn so wichtig sei. Er gab zu, dass er mit Angst umgehen musste. Unsicherheit, seine Beziehungen, das Risiko, als er mit einem Pferd springen musste. Er musste ja auch einen guten Eindruck im Umfeld hinterlassen.

In dem Moment als er das zugab, ging das braune Pferd auf ihn zu und bog seinen Hals sehr weich und verletzlich. Es berührte leicht

Marios rechtes Bein, das für das Männliche steht: Kontrolle und Durchsetzungsvermögen ...

Ich setzte zuerst einen Repräsentanten für Vernunft und Herz ein. „Verstand" befand sich neben Mario; „Herz" versteckte sich hinter der Vernunft. Ich bat ihn, zuerst Kontakt mit seinem Herzen aufzunehmen; Mario fühlte sich immer noch unwohl und instabil und fühlte sich besser, als er neben der Vernunft stand.

Ein anderer Repräsentant für Marios „Angst" kam herein. Als er die Hände von „Vernunft" und „Herz" nahm, konnte er sich der „Angst" stellen. Er erkannte seine Angst an, akzeptierte sie. Die beiden Pferde standen um ihn herum, das braune stellte Mario in eine Fohlenposition, Zeichen des Schutzes, in dem Moment, als er sich emotional verletzlich fühlte. Mario spürte nach dieser Intervention mehr Balance und war freier, sein Herz zu umarmen.

Eine einfache Session, die jedoch das Lebensdilemma des Mannes in früheren Liebesbeziehungen und in seiner Arbeit offenbarte, was er später zugab ... Eine Session, die sein inneres Funktionieren in Bewegung setzte und die Vernunft mehr mit seinem Herzen verband; sein wahrer Lebensmotor. Wochen später erzählte er mir, dass er sich seiner inneren Stimme gegenüber schon offener fühlte und die emotionalen Aspekte des Lebens viel mehr schätzte.

Israel

Eigentlich war ich zufällig dort gelandet, verbrachte aber viel Zeit da, weil ich Hebräisch und Arabisch lernte. Dabei wirkte ich an interkulturellen Friedensprojekten mit, lernte die avancierte High-Tech-Welt dort kennen und knüpfte neue Kontakte. In meinen Unterhaltungen und Interaktionen spürte ich, dass dieses Land eine gewisse Weichheit verloren hatte, was sehr paradoxe Gefühle in mir weckte. Die Geschichte des Landes ist faszinierend, doch politisch und philosophisch ist es sehr umstritten. Ein Land, das seit der Gründung keine Trennung von Staat und Religion kennt, eine Regierung und eine Gesellschaft, die nach und nach fanatischer, nationalistischer, religiöser und mit militanter Bravour und männlichen Prinzipien indoktriniert wird.

Die Gefühlswelt wird dadurch allerdings vernachlässigt. Wenn wir über die Empathie in der Politik reden, kritisieren ein paar israelische Journalisten wie Gideon Levy und Uri Avneri, die heutige Situation in der Gesellschaft sehr scharf und machen den Lesern auf die Gefahren aufmerksam.

Durch historisch-systemische Ursachen hängt dieses Land in einer Rolle, aus der es nicht aussteigen kann und die nur von einer Seite betrachtet werden darf. Dies wird deutlich im Schulunterricht und in der militärischen Ausbildung, wo auch ein bestimmtes Idealbild vorherrscht, das nicht infragegestellt werden darf. Man kann sich vorstellen, dass dies einen Effekt auf das Alltagsleben hat. Hinzu kommt gleichzeitig eine Angst vor Terrorismus und Nachdruck auf defensives Handeln.

Die Journalistin Edith Lutz sieht zum Beispiel die Notwendigkeit, den Friedensprozess verstärkt mit Mediatoren und systemischen Beratern zu fördern[7].

Ich selbst glaube ebenfalls, dass nur durch konfrontatives Angehen der Angst und der Vorurteile und die Übernahme der Verantwortung für sich selbst Abhilfe geschaffen werden kann, auch auf der kollektiven, gesellschaftlichen Ebene!

In der Geschichte kann man immer wieder deutlich sehen, dass Opfer und Täter zwei Seiten der gleichen Münze sind. Die Herausforderung des Menschen ist, darüber hinaus zu gehen im privaten wie kollektiven Bereich und diese Gefühle bei sich selbst zu heilen. Dieses darüber Hinausgehen und der Heilprozess werden nur durch Liebe und Akzeptanz ermöglicht.

Die weibliche Seite der Gesellschaft, nämlich das Einfühlungsvermögen und die Verbindung mit anderen, auch mit den Palästinensern, scheint von patriarchalischen Systemen kontrolliert zu werden. Folglich ist die Lebensphilosophie mit dogmatischer Religion und nationalistischen Ideen verbunden. In der israelischen Gesellschaft werden Tiere oft als minderwertig angesehen; manche sogar als unrein, besonders in der arabischen und orthodox-jüdischen Welt. Viele jüdische oder arabische Menschen würden kein Coaching mit Tieren in Betracht ziehen, weil sie davon überzeugt sind, dass sie über dem Tier stehen und ein Tier einem Menschen nichts beibringen kann.

Im Privatbereich traf ich viele herzliche Menschen, die einen Körperkontakt und Spontanität nicht scheuten. Ich erlebte eine lockere mediterrane Art, wie die Italiener sie haben, die bei ihnen aber

---

7   „Nicht nur für die Sicherheit Israels: Psychologie statt Kriegsmaschinerie" von Edith Lutz

dort aufhört, wo das Nationalinteresse oder die Religion ins Spiel kommen. Das Familienleben dreht sich um traditionelle Ideen. Sogar die Pferde zeigten diesen Aspekt sehr deutlich; eine Umgebung, in der Liebe, Herz-Energie und spirituelle Freiheit noch weiter Einzug halten müssen. Trotzdem haben wir ein paar aufgeschlossene Interessenten finden können, die erstaunt waren über die genauen und zutreffenden Reaktionen der Pferde und anderer Tiere! Die Tiere werden bestimmt in der Zukunft ihre Arbeit weiterführen, um der weiche, zärtliche Seite dieses Landes wieder ihren Platz zu geben!

Eine Welt zwischen Worten

Ronit wollte gerne eine Erfahrung mit dem Coaching machen und war neugierig nach ihrer Beziehung mit ihrem Ehemann. Ein Pferd stand neben dem Wasserbrunnen und trank ständig: Ronit erwähnte, dass sie oft mit ihrem Mann darüber gesprochen habe, dass alles, was gesagt wird, klar sein sollte und alle Aspekte abdecken müsste. Lesen zwischen Worten sei Unsinn, hätte ihr Mann gesagt. Sie war darin nicht mit ihm einig gewesen und fühlte, dass sie nicht ernst genommen wurde. Interessanterweise wurden die Worte ‚Emotionen' oder ‚Gefühle' während dieser Session von ihr nie erwähnt; Es war eher ein kleiner Dialog über Worte.

Ich bat sie, das Pferd zu beobachten und zu erzählen, was sie sah: „Das Trinken von Wasser. Er muss durstig sein", sagte sie.

„Und was ist mit dir?", fragte ich. Ich erwähnte, dass dies auch ein Bedürfnis nach Lebensenergie bedeuten könnte; nach Emotionen.

„Ja vielleicht", sagte sie. Ihr Vater wäre auch wie ihr Ehemann gewesen; nicht sehr zugänglich, sprach überhaupt nicht über seine Gefühle. Das Wort ‚Emotion' schien bei ihr keine Resonanz zu finden.

Ein Repräsentant für ihren Vater kam herein: Ronit fand es schwierig, in seine Augen zu sehen: Das Pferd, das die ganze Zeit trank, drehte sich zu ihr um. Eine plötzliche Reaktion, die normalerweise eine innere authentische Bewegung andeutet. „Es ist alles in Ordnung mit meinem Vater", sagte sie, „und mir geht es auch gut."

Irgendwie vermied ich die emotionale Konfrontation mit ihrem Vater und dem Pferd. Ich fühlte, dass ich einen anderen Weg zu ihrem Herzen nehmen musste. „Ich möchte nur, dass meine Tochter glücklich ist." Ihre Tochter war die erste in der Familie, die sich nicht damit beschäftigte, was die Leute sagten und sich nur um ihre Freiheit kümmerte. Als Ronit anfing, über sie zu sprechen, kam ein verspielter Hund neben ihr herein. „Das könnte meine Tochter sein", sagte Ronit, „sie ist auch verspielt wie ein Hund", und sie hatte plötzlich Tränen in den Augen. Das Pferd stand ruhig neben ihr.

Für Ronit war diese Intervention mit ihrer Tochter das Wichtigste. Sie wollte, dass ihre Tochter ihrem Herzen folgte und nicht von ihren Eltern eingeschränkt wurde, weder mit zu vielen Worten noch mit strengen Regeln. Sie wünschte sich für ihre Tochter aufrichtig, ein anderes Leben und eine gute Partnerbeziehung. Die beiden Pferde standen neben ihr, und das bewegte sie zu Tränen, in dem Moment, als sie ihrer Tochter die ganze Liebe wünschte, die sie selbst nicht erhalten hatte. Pferde möchten nur, dass wir unsere verletzliche wahre Seite zeigen: Masken werden gleich erkannt und entfernt, um auf die Essenz, die wahre Natur des Menschen, einzugehen.

Der abwesende Vater

Das Überraschende des Coachings mit Pferden liegt oft im Zufall oder besser gesagt, in dem sich Ineinanderfügen der Umstände, wobei sowohl der Coachee, der Repräsentant als auch das Pferd geheilt werden und alle Teilnehmenden einander heilen. Oder, wie ich immer gerne sage: einander „ganz" machen.

Schon seit langer Zeit hatte ich versucht, eine Bekannte von mir zu einem Coaching einzuladen. Sie hatte mir schon öfters gesagt, dass es ihr wichtig sei, so ein systemisches Pferdecoaching zu erleben. Eines Tages schafften wir es, einen Termin zu vereinbaren. Sie erzählte mir, sie fühle sich deprimiert; nichts liefe in ihrem Leben, wie sie es sich wünscht. Ihre Arbeit gab ihr etwas Freude, aber seit ihr Mann sie verlassen hatte und wieder nach Russland zurückgekehrt war, empfand sie eine große Leere.

Zufälligerweise war ein israelischer Freund anwesend, um als Repräsentant mitzuwirken. Er hatte eine schwere Scheidung hinter sich, bei der er durch den juristischen Streit am rabbinischen Hof, die immer noch mit biblischen Gesetzen entscheiden, ob eine Scheidung stattfinden wird oder nicht, sowohl all sein Besitz als auch seine Kinder verloren hatte. Die Kinder hatten sich gegen ihn entschieden und machten alles, um sein Leben unmöglich zu machen. „Meine Kinder sind tot", sagte er öfters; dies wäre die dunkle Seite der Gesellschaft Israels. Keine Trennung von Religion und Staat. Anwälte nutzten die alten religiösen Gesetze und Argumente, um die andere Partei fertig zu machen.

Die Frau stellte sich in der Arena auf und erklärte, sie bräuchte etwas im Rücken, eine Stütze, wie auch in ihrem Leben. Das kleine Pferd stand kurz bei ihr, verschwand aber gleich wieder. Auch alle anderen verschwanden und verkrochen sich im Stall.

Distanz in ihrem Leben; konnte sie das erkennen?

„Ja", sagte sie, „man interessierte sich nicht für mich, als ich klein war. Ich musste alles so machen, wie es sich gehörte." Wir liefen zum Stall, um nach den Pferden zu sehen. Das kleine Pferd wurde blockiert von den anderen; konnte nicht weglaufen. Sie erkannte sich selbst darin. Ihr Vater hätte sie immer ignoriert und war nur mit seiner Arbeit beschäftigt.

Ich fragte sie, wo sie in dem ganzen Bild war. Sie wusste es nicht, sah aber gleich das kleine Pferd das weit weg von ihr stand.

Als Repräsentant für ihren Vater nahm sie den Freund heraus. Er war überhaupt nicht involviert und wusste nicht, was er da eigentlich machte ... empfand auch alles Emotionelle, Psychologische als eine Art Unsinn. ...

„Das würde mein Vater jetzt auch sagen."

Sie konnte ihm endlich mal in die Augen schauen, ihn akzeptieren wie er war, und das Negative an ihn zurückgeben. Seine Probleme waren seine, die hätte sie nicht länger mitzuschleppen.

Sie schaute wieder auf das kleine Pferd, und ich bat sie, für ihr Herz einen Repräsentanten auszusuchen. Die Frau, die für ihr Herz stand, fing gleich an zu weinen und stellte sich weit entfernt von ihr hin.

„Das ist es", sagte die Coachee emotional. „Ich habe mein eigenes Herz im Stich gelassen!" Sie lief zu ihm und stellte den Kontakt her. In diesem Moment stellte sich das Pferd zwischen die beiden und machte eine Bewegung von der einen Hand zur anderen als Zeichen wirklich in Verbindung zu stehen.

Die Frau, die das Herz darstellte, sagte mir, sie fühle sich erleichtert. Sie hätte immer Angst gehabt, die Kontrolle im Leben zu verlieren, und das wäre ihr jetzt passiert. Sie hatte die Kontrolle verloren und war sogar in Tränen ausgebrochen. Sie fühlte sich dabei aber überhaupt nicht schlecht, sondern sehr viel besser.

Der Mann, der ihren Vater symbolisierte, reagierte ausweichend auf meine Frage. Aber die Konfrontation mit einer „Tochter" hatte ihn schon berührt. Auffallend war auch, dass die „Tochter" sich genauso an ihren Vater erinnerte, wie der Mann ihn dargestellt hatte: distanziert, Workaholic, abgelenkt.

Menschen sind so, wie sie sind, und hierbei arbeiten die Pferde ohne Urteil. Es ist so, wie es ist, und so ist es gut. Diese Akzeptanz, diese bedingungslose Liebe gibt dem Menschen, dem Coachee, den Freiraum, sich weiter zu entwickeln.

Diese Coachings wirken noch lange über die Zeit des Arbeitens hinaus, wie man aus der Praxis weiß. Die Teilnehmer ändern anscheinend unbewusst etwas in ihrer Gefühlswelt, in ihrem Verhaltensmuster und in ihrem System – der Effekt ist also nachhaltig. Wir können es noch nicht genau erklären, aber viele Leute berichten über eine Art Erleichterung, neue Einfälle und Erinnerungen, Eingebungen, die ihr Leben verändern; ein wunderbares Zeichen, wenn der Verstand mit der unbewussten Gefühlswelt verknüpft wird.

Wie verbunden sind wir?

Die Erfahrungen mit dem systemischen Pferdecoaching in den verschiedenen Ländern und Kulturen zeigen bestimmte Tendenzen in jedem Land, die typischen Verhaltensweisen in einer Kultur, aber auch die außerordentliche universelle Sprache der Pferde und der Natur, die überall jeder Person oder Schöpfung ihren Platz gibt und sie ohne Urteil durch Herzensenergie miteinander verbindet.

Nach den systemischen Gesetzen gibt es drei Basispunkte: Jeder Mensch ist Teil eines Systems: seiner Familie, der Umgebung, Berufshintergrund und hat hier eine bestimmte Rolle, Funktion und seinen eigenen Platz. Jedes System, die Familie zum Beispiel, hat eine eigene Ordnung mit eigenen spezifischen Gesetzen: Der ältere geht vor dem jüngeren Mensch, derjenige der am längsten im Unternehmen ist, besitzt Priorität vor den anderen Mitarbeitern.

In diesen Systemen, egal ob Familie oder Unternehmen, soll die Rede von einem Gleichgewicht zwischen Geben und Nehmen sein. Wenn der eine mehr gibt als der andere, entsteht ein Mangel an Balance, und man kann seinen Platz im Leben nicht richtig einnehmen, um seine authentische Kraft leben.

Unbewusst übernimmt man zum Beispiel die Lasten einer anderen Person, nimmt sie mit in sein eigenes Leben und realisiert nicht, dass man davon blockiert wird in seinen Entscheidungen und Aktivitäten. Last, die eigentlich ja nicht seine Last ist, aber immer mehr als eigene betrachtet wird. Dies kann bei vielen Menschen ein richtiger Blindfleck werden, gerade in Beziehungen. Man projiziert die Missdeutungen oder Überzeugungen und Schmerzen des anderen auf die andere Person.

Dieses Phänomen kann Generationen überdauern, wobei unbewusst immer wieder ein Schmerz weitergegeben wird, ohne ihn je zu analysieren und ohne es dem Menschen im System zurückzugeben. Der persönliche Schmerz ist etwas, für das jeder Mensch selber Verantwortung übernehmen sollte, indem er dem Schmerz in die Augen sieht, ihn nachfühlt und ihm seinen Platz gibt. Dieser Platz liegt oft bei den Eltern, Geschwistern oder Großeltern.

Kinder saugen nun mal die Signale ihres Umfeldes wie ein Schwamm auf. Diese werden unbewusst verarbeitet. Dies sind Signale, die zu bestimmten Mustern führen und meistens nicht dem Glück des Menschen dienen, sobald diese Muster immer wieder störend im Berufsleben und in der Beziehung auftauchen. Diese Muster hindern die Person daran, ihr volles persönliches Potenzial zu leben und ihren Platz als vollwertige authentische Person mit Licht und Schattenseiten einzunehmen.

Es ist immer wieder interessant zu sehen, wie verbunden wir miteinander sind, wie jeder Mensch, der nicht in Balance ist, den anderen beeinflusst. Gerade eine Gruppe Menschen, eine Familie z. B., lebt, ohne sich der Blindflecken bewusst zu sein. Missdeutungen durch positive Ideen und Gefühle zu ersetzen, kann ein noch viel größeres Umfeld weiter beeinflussen.

Genauso ist es bei den Pferden: Nimmt nicht jedes Pferd seinen eigenen Platz ein und hat den Zugang zu seinen authentischen Fähigkeiten, muss der Rest der Gruppe dies kompensieren; letztendlich die Gemeinschaft. Deshalb ist das Durchbrechen alter Muster und unbewusster blockierender Gedanken und Gefühle so essenziell für die Gesellschaft.

Dies ist ein Extra-Grund, um der inneren emotionellen Balance der Menschen in Bildung, Schulsystem und Gesellschaft besondere Beachtung zukommen zu lassen. Die Entwicklung der empathischen, emotionellen Fähigkeiten ist ungemein wichtig, schon in der Schule, in Politik, im nachhaltigen Unternehmen und sogar, um Kosten im Gesundheits- und Sozialwesen reduzieren zu können!

Ich würde aus diesem Grund sagen: private relations statt public relations! Effektives Kommunizieren statt Slogans! Soziale Fähig-keiten-Balance zwischen Assertivität und Empathie, das

Rollenspiel üben – „walk in the moccassins of the other" und sich so in den anderen hineinversetzen in verschiedenen Situationen. Aktives Zuhören statt Strebermentalität! Persönlichkeitsentwick-lung, bei der Verstand und Intuition mit dem Gefühl verbunden wird und jedes Kind, jeder Bürger die Überzeugung erlangt, dass seine authentischen Fähigkeiten einen Mehrwert haben und in der Gesellschaft gefragt sind.

Was ist genau das Gefühl der ‚inneren Weisheit‘?

Regelmäßig wurde hier der Begriff Gefühl, Intuition genannt. Es könnte bei den Menschen eine Frage auslösen, nämlich: Sind wirklich alle Gefühle so gut und konstruktiv? Auch Gefühle des Hasses, der Wut und der Bitterkeit?

Fangen wir schon mal damit an, dass Gefühle in erster Linie subjektiv sind. Sie gehören zum Leben, zum Menschen und bestimmen seine Reaktionen, die natürlich dadurch auch sehr primär und aggressiv sein können.

Wie aber hier auch die Pferdewelt in vielen Coaching-Sessions zeigt sind Reaktionen und Gefühle immer eine Folge bestimmter Geschehnisse und Entwicklungen in der Kindheit, ein Produkt verschiedener Situationen und Menschen im Leben, und oft stecken hinter einem Gefühl der Wut und Bitterkeit eine ganze Welt des Schmerzes, verlassen zu sein von anderen. Bewiesen oder nicht: Das Gefühl sollte nicht einfach zur Seite geschoben werden, sondern analysiert und dahinterliegende Motive aufgedeckt werden.

Das Dualistische bei uns Menschen ist, dass wir Situationen im Leben und auch Gefühle als schlecht oder gut bezeichnen, und deswegen viele Situationen oder Gefühle nicht wirklich durchlebt werden. Man wagt nicht, ihnen ins Auge zu schauen. Der richtige Weg der Entwicklung führt häufig nach innen, in unser eigenes Bewusstsein, tief hinunter in die dunklen Gemächer unserer Angst, Not und Trauer!

Gefühle wie Bitterkeit und Hass sind meistens eine Folge anderen Empfindens. Sie rühren aus dem Eindruck, nicht akzeptiert, nicht geliebt zu werden. Die Kunst ist es, ein Gefühl in einer Situation zu akzeptieren, ja es zu umarmen, um es dann auch loslassen zu können mit bedingungsloser Liebe und ohne jegliches Urteil.

Stattdessen schieben wir bestimmte Gefühle erst mal weg, betrachten sie als „Unsinn", rationalisieren oder beschreibe sie z. B. aus Stolz als „erfrorene" Liebe. Jedenfalls werden sie nicht (an-)erkannt oder ausgesprochen. Dazu kommt auch die Tatsache, dass der Mensch Schwierigkeiten hat mit Verstand und Gefühl wirklich in der Gegenwart zu leben. „Wenn ich erst mal mein Diplom habe, wird alles besser … ", „Wenn ich erst mal eine Beziehung habe, werde ich wirklich glücklich" usw.

Während eines Treffens mit Freunden ist man gar nicht bei der Sache und denkt stattdessen schon mal daran, was man in den nächsten Tagen noch so alles erledigen muss: die Wäsche, das Anstreichen der Wohnzimmerwände die Steuererklärung, … Erkennen Sie auch diese Gedanken und die Gefühle der Frustration, die von diesem ständigen Grübeln ausgelöst werden?

Eckhart Tolle, ein spiritueller Lehrer und Autor, schreibt in seinem Werk: „Die Kraft der Gegenwart", dass das Körpergefühl, viel mehr als das Ego, das richtige „Sein" im Körper und die Fähigkeit dem Moment nachzufühlen, uns zu mehr verborgenem Potential führt, und sogar den ganzen Körper heilen könnte.

Ein Pferd hingegen lebt völlig in der Gegenwart und reagiert immer genau an dem Moment, wo der Coachee eine innere Bewegung macht, seine Situation in der Gegenwart und seine Emotionen erkennt, ihnen in die Augen schaut und zugibt, dass er sich traurig, verlassen, hoffnungslos fühlt. In diesem magischen Moment, wo der Mensch in seiner Verletzbarkeit auch seine authentische Kraft mit beiden Händen festhält, nähert sich das Pferd dem Menschen und stellt sichtbar Kontakt her.

Eine fragmentierte Welt auf der Suche nach „Ergänzung"

Bei den unterschiedlichen Sessions in den verschiedenen Ländern ging es darum, die Personen in eine Balance zurückzuführen, durch die Beseitigung von Blockaden und unbewussten Hemmungen mittels des Systems; oft durch das Familiensystem, wo irgendetwas geheilt oder ergänzt werden musste.

Die Wunden sind meistens die Ursache dafür, dass Beziehungen nicht gut verlaufen, weil der Mensch intuitiv irgendwie und meist unbewusst Wunden, Erinnerungen und Schmerz verdecken oder kompensieren möchte. Diese Heilung und das Öffnen von neuem Potenzial und Optionen ist nur möglich, wenn nicht nur der Verstand involviert ist, sondern besonders auch die unbewusste Gefühlswelt und die Intuition, in der Missdeutungen unbewusst gespeichert wurden. Ohne den manchmal schwierigen und schmerzvollen Gang ins eigene Innere und hinunter in die eigene Schattenwelt, um alten Schmerz bewusst zu spüren und ihn anzunehmen, ist völlige Heilung nicht möglich.

Pierre ist Bauingenieur und immer viel gereist. „Such mal ein gutes Pferd für mich aus", sagte er, ohne zu realisieren, dass das Coaching nicht von guten Reitpferden abhängig ist.

Er stand in der Mitte vom Ring und schaute auf Tanka, das Pferd, das sich gleich von ihm wegdrehte. Er lief zum Rand des Rings und blieb dort stehen, als ob es hinaus wollte, richtete seinen Blick in die Ferne.

Mochte Pierre selbst irgendwo hinaus? War er auf dem richtigen Platz in seinem Leben?

Er gab zu, dass er sich nicht wohl fühlte, wo er jetzt wohnte. Er wäre am liebsten auf dem Lande. Leider hatte seine Partnerin hierfür wenig Verständnis. Der Mann schien plötzlich ein anderer Mann. Er erzählte über die Streitereien mit seiner Partnerin. Das Pferd Tanka kam inzwischen immer näher. Am Ende knabberte es an Pierres Pullover, etwas das sich meistens darauf bezieht, dass es sich sorgen und kümmern möchte um ...

„Ja", sagte er. „Das ist schon ein Thema in der Beziehung." Er würde sich nicht genügend um sie sorgen, wäre der Vorwurf ihrerseits gewesen,und auch nicht um sich selbst.

Ich ließ den Mann einen Repräsentanten für seine Partnerin aufstellen. Intuitiv stellte die Frau sich weit entfernt vom Ehemann hin.

Ich bat Pierre, seine Partnerin anzusehen, aber er konnte sich nicht auf sie konzentrieren. Er musste zugeben, er fühlte sich ihr fremd.

Irgendwie hatte er Schwierigkeiten mit sich selbst in Kontakt zu kommen, offenbar wollte er nur weg – sogar weg von sich selbst?

Er identifizierte sich mit Tanka, und deshalb bat ich ihn nochmal, in Kontakt mit ihm zu treten und sein Fell, seine Wärme zu spüren. Hierdurch konnte er wieder zu sich selbst kommen. Er hatte Tränen in seinen Augen. Jedes Wort hätte dann zu viel sein können.

Ich drehte ihn nur sanft in Richtung seiner Partnerin, damit er sie anschaute und sein Gefühl für sie spüren konnte.

Er blieb auf Abstand.

„Sie ist noch weit weg", sagte er, aber es wäre gut so.

Man kann erst wirklich jemand in sein Herzen schließen, wenn man bei sich selbst angekommen ist, und das braucht Zeit. Ein erster Schritt war gefühlsmäßig gemacht worden.

Auch bei meinen Erfahrungen waren psychotherapeutische und viele Coaching-Projekte oft nur zum Teil erfolgreich, weil man bei den Gesprächen nicht genug auf die Essenz einging. Es wird getestet, geredet, ‚Mindfulness' ausprobiert, aber wie der Name schon sagt: Man bleibt auf der Ebene des Verstandes, und so kann man tiefliegende Gefühle, gerade die unbewussten dunklen, wenig analysieren, nachfühlen, durchleben und korrigieren – auf Körpergefühlsniveau „felt sense", wie man es im Englischen so ausdrucksvoll sagt.

Das gleiche Muster spielt sich auch in der Gesellschaft ab. Gefühle auf kollektiver Ebene sollten erkannt, besprochen und ausbalanciert werden. Diese Gefühle, das unbewusste Verhalten des Kollektivs, ist ein Ergebnis aller Menschen mit ihren (Familien-)Systemen und ihrer Geschichte. Sobald hier große Frustrationen herrschen, die ein Spiegel des Inneren der gesamten Gesellschaft sind, wird sich auch eine Politik entwickeln, die diesen Frustrationen zuerst nicht in die Augen schaut. Die Angst der Mehrheit der Menschen wird benutzt, um die Gesellschaft zu spalten und dadurch mehr Macht in Händen zu haben. Angst wird umgesetzt in Aggression. Auch hier ist es eine wichtige Sache, diese nicht beiseitezuschieben, sondern die Licht und Schattenseiten zu betrachten und sich damit auseinanderzusetzen.

Wir sehen diese Phänomene besonders heutzutage in der Politik, die sich äußern in Populismus. Strömungen, die sich aus Angst krampfhaft an nationalen Werten oder speziellen Gruppen festhalten und sich dabei als aggressive Entität entpuppen können.

Genauso wie bei einer Person, deren Stolz oder Selbstwert total verletzt ist und die sich zum Überleben in eine harte und sogar aggressive unempathische Person verändern kann. Faszinierend also, wie sich diese Parallele in Politik und Gesellschaft etabliert. Es gibt keine Opferrolle ohne Angreifer, und diese Rollen wechseln sich ab in der Geschichte. Besonders wenn verletzte Gefühle im

Kollektivbereich ignoriert werden, oder Gruppen, werden diese größer und sind mit der Zeit immer weniger zu kontrollieren.

Es schleicht sich ein Routinedenken und Handeln ein, ohne dass man es bemerkt! Die Politiker verlieren dabei ganz klar den Anschluss an die Bedürfnisse der Bevölkerung und spulen nur ihre eigenen Programme ab. Sie reden bei den Versammlungen nur miteinander, und man fragt sich oft, ob so jemand nur an seinem eigenen Programm interessiert ist oder an den Idealen, die das Leben derjenigen, die ihn gewählt haben, einfacher machen sollten.

Wenn die vorherige Politik die Frustrationen der Gesellschaft nicht ernst genommen hat und keinen Dialog mit der Gesellschaft etabliert, wie bei Ausschüssen möglich ist und wo der Bürger mitredet, wird dieses Faktum nur Munition für die populistischen Parteien sein, die dadurch nur mehr Stimmen gewinnen.

Deshalb bin ich davon überzeugt, dass eine Art Mediation als Verbindung zwischen Volk und Politik eine unbedingte Notwendigkeit ist. Gerade bei der Mediation verlangsamt man den Prozess, nimmt man die Gefühle und Frustrationen ernst und geht von den Standpunkten erst mal zu den Motiven und erreicht eher einen Konsens für alle, dessen Basis den Politikern nützlich sein könnte.

Und dann kommen wir zum heiklen Punkt der Religion; ein Thema, das in der heutigen Gesellschaft aufs Neue eine große Rolle spielt. Welche Religion ist die richtige? Fast als ob man sagen würde: Wer ist das auserwählte Volk oder hat das Monopol auf Wahrheit? Wird hiermit nicht eine positive Diskrimination angedeutet?

Während meiner Zeit in Israel hab ich monotheistische Religionen näher studieren können; deren Unterschiede und universelle Weisheiten.

Aus dem Bauch war ich auf der Suche nach jenen Weisheiten, die alle Völker und historische Narrativen vereinen; ein Element, das bei jedem Resonanz findet und ein positives Gefühl der Akzeptanz und Verbindung vermittelt. Alle Religionslehren haben grundsätzlich viele Schnittstellen und allgemeine Weisheiten für die Menschheit kann man tatsächlich in jeder Religion finden:

Im Judentum in der Talmud, in den Sprüchen der Väter, einem Konzentrat jüdischer Lebensweisheit, lesen wir Folgendes:

„Al tadin et chavercha ad shetagiah lemekomo": „Verdamme niemand, solange du nicht in seiner Lage warst".(Pirke Avot 2,6)

„Wahrheit, Gerechtigkeit und Friede sind die Pfeiler der menschlichen Gesellschaft''.(Pirke Avot 1,18)

Im Koran finden wir: „O ihr Menschen, Wir haben euch von einem männlichen und einem weiblichen Wesen erschaffen, und Wir haben euch zu Verbänden und Stämmen gemacht, damit ihr einander kennenlernt. Der Angesehenste von euch bei Gott, das ist der Gottesfürchtigste von euch" (Der Koran: 49,13). Die Unterschiede zwischen den Menschen gibt es, damit sich die Menschen kennenlernen, sich gegenseitig unterstützen; und nicht damit sie sich gegenseitig verleugnen und miteinander im Streit liegen. Hiermit wird im Koran unter anderem ein Meilenstein gelegt, was das soziale Leben angeht. Differenzen zwischen verschiedenen Völkern sind natürlich; und sie sollen nicht als Hindernis, sondern als Annäherungsgrund zueinander dienen. Das ausdrückliche Gebot der Gottesfürchtigkeit in diesem Zusammenhang unterstreicht außerdem die Bedeutung der gegenseitigen Toleranz.

In der Bibel werden beide, die Nächstenliebe und Selbstliebe im Buch Mose erwähnt : du sollst deinen Nächsten lieben wie dich selbst. (Die Bibel, 1. Buch Mose = Levitikus 19/17-18)

Wie die Bibel erkennen lässt, ist es angemessen und sogar notwendig, sich selbst in einem vernünftigen Maß zu lieben. Diese Liebe umfasst Selbstachtung, den fürsorglichen Umgang mit sich selbst und ein Bewusstsein für den eigenen Wert (Matthäus 10:31). Anstatt Egoismus zu verherrlichen, gibt die Bibel der Selbstliebe den richtigen Stellenwert. Liebt man sich selbst nicht, kann man den anderen auch nicht auf eine gesunde Weise lieben.

Sind dies nicht alle, sehr aktuelle Sprüche in der heutigen Zeit? Menschen haben einander jahrhundertelang im Namen einer Religionslehre umgebracht. Offensichtlich war jede Religion eine Art von Klub, in dem andere Gruppen auf Grund von patriarchalen Dogmen ausgeschlossen wurden. Die Macht einer bestimmten Elite und die religiösen Dogmen wurden von einer Masse immer wieder aus Angst oder Ignoranz, akzeptiert. Leider ist dies ein Denken, das immer noch existiert.

Menschen hatten oft das Gefühl, nicht Meister ihres eigenen Verstands, Gefühl oder Leben zu sein; man brauchte selbst nicht nachzudenken oder sein Leben und Beziehungen gestalten; der Gott allmächtige oder die religiösen Institutionen waren da um alles zu arrangieren.

Ich glaube, dass wir uns heute mit einer mehr universellen Spiritualität oder Lebensphilosophie befassen sollten: Eine Spiritualität die verbindet, basiert auf Liebe und Akzeptanz; in der der Mensch als verantwortlicher Schöpfer der Gesellschaft und seines Lebens gesehen wird, und in diesem Rahmen, die Liebesenergie als „göttlicher Funke". Das Vertrauen in „Gott", könnte genauso gut ein Vertrauen in das Gute im Menschen sein, und sollte von innen kommen, nicht von außen erzwungen werden. Die Antworten vieler Fragen und Probleme liegen innerhalb unseres Wesens, und nicht außerhalb. Sogar in der Natur ist die Entwicklung von innen nach außen; die Vögel die aus dem Ei kriechen und das Kind aus der Mutter.

Gerade diese eigene Gefühlswelt, Körpergefühl und Liebesenergie können wir, jeder auf seine eigene Weise, durch Kunst, Musik, Natur und die heilende Kraft der Pferde, besser entdecken und dadurch ebenfalls mehr Verträglichkeit in der internationalen Gesellschaft erreichen!

Mediation: Konflikte mit Empathie und Logik lösen

Wir kennen sie alle: Konflikte bei der Arbeit, in der Familie, zwischen Nachbarn, die bis zum bitteren Ende vor Gericht landen können. Anwälte vertreten die Interessen der einen Partei, und es wird nach Mängeln und Fehlschritten gesucht, um so die andere Partei in die Knie zu zwingen.

Am Ende hat vielleicht eine Partie gewonnen, bekommt eine tüchtige Summe Geld, aber im Grunde fühlen sich oft beide letztendlich als Verlierer. Solche Gerichtsprozeduren kosten viel Geld, Zeit, negative Energie und dazu auch die Beziehung und den menschlichen Kontakt mit der anderen Partei.

Dualität zu schaffen, ist das Ziel bei diesem Prozess, damit eine Partei gewinnen kann und dazu werden alle Klauseln und Gesetze benutzt und manchmal sogar missbraucht, um des einseitigen Gewinns willen.

Man sollte dies aber richtig verstehen; in manchen Fällen ist ein Anwalt oder das Rechtssystem äußerst wichtig, um Probleme zu klären, aber in vielen Fällen handelt es sich um einen Kurzschluss in der Kommunikation oder im menschlichen Kontakt. Dann fokussiert man sich nur noch auf verschiedene Gesichtspunkte, anstatt die Motive der beiden Parteien anzuschauen und einander erst mal zuzuhören.

In diesen Fällen kann Mediation eine gute Lösung sein, weil es sich nicht um einen juristischen Prozess, sondern um einen Kommunikationsprozess handelt, bei dem man am Anfang des Konfliktes den Prozess verlangsamt und die Gefühle und Motive der beiden Parteien erörtert, damit ein Verständnis aufgebaut wird und die Kommunikation und Kreativität wieder fließen kann. Gemeinsame

Motive können dann wieder gepflegt werden und es kann weiter damit gearbeitet werden.

Bei dieser Methode wird allerdings ein ganz anderes „Mindset" beim Mediator gefordert als bei dem Anwalt. Ein Anwalt, der am Ende ein Settlement, einen Kompromiss zwischen beiden Personen erreichen möchte, fokussiert sich doch letztlich auf die Gewinne der einen Partei und zielt nicht auf den gemeinschaftlichen Gewinn. Man fokussiert sich dabei wieder auf die Fehlschritte und Mängel bei dem anderen.

Einige Anwälte haben eine gute Mediationstechnik gelernt. Es ist dennoch fast unmöglich beim juristischen, eher trennenden, Prozess, plötzlich ein verbindendes „Mindset" zu kultivieren. Das lässt den Anwalt bei dieser Phase eines Prozesses plötzlich fragwürdig erscheinen.

Ein Mediator sollte von Anfang an neutral sein und den verbindenden Faktor der Synergie als Ideal, als Ziel vor Augen haben.

Das kann eine große Herausforderung sein, denn es spielen bei dem Konflikt immerhin auch persönliche „Blind Spots", sogenannte systemische Muster mit, die irgendwie von der Person selber ausgearbeitet werden sollten, oder bei sonst einem weiteren systemischen Coaching, denn die gleichen Probleme kommen bei ganz unterschiedlichen Konflikten immer wieder auf.

Im Allgemeinen aber führt ein Mediationsprozess zu vielen guten Ergebnissen, wo dank der speziellen Technik, Parteien sich aussprechen können, Missverständnisse beseitigt und Beziehungen verbessert werden können.

Hinzu kommt die Tatsache, dass ein Mediationsvertrag auch noch juristische Kraft hat – aber dann mit Zustimmung beider Parteien – und sich damit viel mehr als eine konstruktive Basis ergibt!

Meine Erfahrungen beim Gerichtsprozess, als Dolmetscherin waren oft ziemlich stressreich. Natürlich liebte ich die Reise von einer

Sprache und Kultur in die andere. Doch für mich war es vor allem eine Freude, ein verbindender Faktor zu sein.

Der juristische Prozess aber erfüllte mich immer mit negativen Emotionen, als ob das verbindende menschliche Element immer mehr ausgeblendet wurde. Es wurde nicht mit Empathie und Mitgefühl kommuniziert, sondern vorwiegend mit harten Fakten, Phrasen und Befehlen.

Der Anwalt versuchte, seine Schau so gut wie möglich zu inszenieren, wobei die Interessen der anderen Partei zunichtegemacht wurden.

Einmal schrie der Richter sogar eine Partei an! Dies deutete sicherlich auch darauf hin, dass das Gerichtssystem überfordert war und Richter unter dem Einfluss von Burnout-Symptomen arbeiten müssen: etwas, das nicht gerade die Balance und Gerechtigkeit im großen Ganzen fördert.

Immer stärker kam bei mir das Gefühl auf, dass diese Gerichtssitzungen nicht mehr ganz aus dieser Zeit stammen. Eine Zeit, in der Menschen Selbstverantwortung übernehmen sollten, um eine Gesellschaft mit Interesse am Dialog, eine richtige Demokratie, zu schaffen mit nachhaltigen Lösungen. Mit Bildungsmöglichkeiten für alle, bei denen die Persönlichkeitsentwicklung ganz oben steht, damit die Möglichkeit entsteht, dass jeder sein eigenes ethisches Gefühl und Empathie für sich selbst und den anderen entwickeln kann. Beim Gesellschaftsaufbau dürfen wir nie völlig vergessen, dass wir alle miteinander verbunden sind; das Wohlsein der einen Person ist unmittelbar abhängig von anderen Personen und Gruppen – gerade in dieser globalen Wirtschaft!

Mediation oder Public Diplomacy in der Gesellschaft und Politik

„Schon wieder Lehrerausfall in der Schule, und muss einer von uns zu Hause bleiben, um wenigstens die Hausaufgaben von Christian zu überprüfen", sagte Stephan seiner Frau verärgert. Er legte den Arm um sie. Seit der systemischen Coaching-Session hatten sie gelernt, besser miteinander zu kommunizieren, immer in Verbindung miteinander. Obwohl manche Momente ärgerlich sein können, sollte es trotzdem immer möglich sein, mit Aufmerksamkeit und Liebe einander zuzuhören.

„Ach, dieser Physiklehrer, von dem Christian immer redet", lächelte Sabine, „der hat öfters einen Nervenzusammenbruch, ist ja auch sehr stressvoll im Unterricht. Viele werden ja überfordert. Seine Physikstunde ist schon öfters ausgefallen. Ich finde die Organisation in der Schule sowieso ziemlich chaotisch. Es scheint nie Geld für die richtigen Sachen zu geben. Christian erwähnt auch immer, der Unterricht sei langweilig und ohne Praxis."

In der Politik ist ja auch wenig die Rede von Verbesserungen und mehr Budget für Ausbildungen. Wenn man neue Kräfte braucht im Team, ist man oft enttäuscht, wie wenig aktuelles Wissen oder Kreativität in den Studenten steckt, und Sprachkenntnisse sind oft auch ziemlich schlecht.

Sieht man dies nur als ein Gewinn- und Verlust-Geschäft?

Gibt es einen Mangel an Visionen, oder hat es mit neoliberalen Ideen zu tun, bei denen man denkt, dass die Ausgaben herunter müssen?

Ausbildung wird in der Gesellschaft als Kostenmodell statt als Gewinnmodell gesehen, bei dem man ohne viel Aufwand so viel wie möglich hereinbringen will. Dies ist natürlich nicht der Fall. Eltern sollten am besten selbst Privatschulen organisieren.

Dabei wird vergessen, dass das Investieren in öffentliche Ausgaben, wie z. B. guten Schulunterricht und Förderung der Kultur, sich selbst zurückzahlt durch gut ausgebildete Kräfte und dass sich das positiv auf die Gesellschaft auswirkt durch weniger soziale Problemfälle.

Kultur und Wissenschaft bilden eine Gesellschaft, fördern Kreativität und neue Ideen. Leider ist dies momentan in mehreren europäischen Ländern weniger der Fall. Arbeitskräfte in Kunst- und Kulturszene bangen oft um ihren Lebensunterhalt, obwohl dieser Sektor der Gesellschaft so viel Bedeutung hat, nämlich bei der Entwicklung empathischer Fähigkeiten und der Kreativität.[8]

Max befasste sich besonders mit der Frage, wie er wieder als Dirigent in der Musik tätig sein konnte. Die Zeiten in der Kunst seien ja ziemlich schwierig.

Er erzählte über seine Karriere und die vielen Herausforderungen, die ihn letztendlich aus dem Geschäft trieben, weshalb er gezwungen war, andere Wege zu gehen. Es waren viele Worte und Erklärungen. Ich bat ihn deswegen, in dieser Session erst mal seine Ruhe wiederzufinden, um dann erst weiterzufahren.

Es wurde mir klar, wie wichtig es ist, dass er den ganzen Prozess mit den zugehörigen Gefühlen und mit den Augen erlebt.

Juan, das lebhafte Lusitano-Pferdchen, blieb die ganze Zeit uninteressiert am Rande des Ringes stehen und knabberte Gras. Olaf, das kräftige Friesen-Pferd stand zuerst neben Max, lief aber während des Gesprächs langsam weg und knabberte ohne Pause Gras, ein

---

8   https://www.deutschlandfunk.de/ausgaben-in-der-kultur-sind-investitionen.691.de.html?dram:article_id=55499

Zeichen der Nahrung, auch mentale Nahrung und sich nützlich machen. Ich fragte Max, ob er diese Situation wiedererkennt. Macht die Aufnahme mentaler Nahrung für ihn Sinn? Er gab zu, dass er sich immer weiterentwickeln möchte, neue Projekte fürs Management ausarbeiten, dabei aber deutlich die Musik vermisst, mit der er momentan kein Geld verdienen kann.

Olaf, das Pferd, fraß weiterhin, während Max über diese Geldnot sprach, und dass er sein Glück in der Musik verlor, weshalb er sich dringend andere Arbeit suchen musste.

Er wünschte sich jetzt neue Möglichkeiten, Kontakte und ein Startkapital, um ein neues Orchester zu gründen. Olaf änderte seine Haltung nicht, er fraß gemütlich weiter, wie unter einem Zwang und signalisierte keine Öffnung oder neue Möglichkeiten. Der Dialog blieb auf Verstandesebene.

Es war klar, dass dieses Gespräch auf diese Weise nicht zu einer Lösung und zum Hauptthema oder neuen Einsichten führte. Als Nächstes fragte ich ihn, was denn seine größte Blockade sei. Darauf antwortete er: „Die Angst, dass sich Dinge nicht zum Guten wenden." In diesem Moment schien er mehr ins Gefühl zu gehen. Er wirkte lockerer und weniger angespannt in seiner Körperhaltung. Es gab mehr Momente der Stille.

Ich bat ihn daraufhin, ein Objekt für seine Angst hinzustellen, diesem einen Platz zu geben und sich darauf zu konzentrieren. Er fühlte die Energie dieser Angst, und wurde etwas nervöser.

Als Balance bat ich ihn, etwas hineinzustellen, was einen positiven Einfluss auf ihn ausübt. Er deutete dann auf sein Herz, seine Inspiration. Er fühlte sich tatsächlich besser in dem Moment, als er den Leitkegel festhielt.

Gleichzeitig drehte das Pferd Olaf sich um und lief in Richtung Max und stellte Kontakt zu seinen Händen her. Normalerweise ist dies ein Zeichen für das in Bewegung Kommen und etwas damit zu machen. Machte Max genug aus seiner Inspiration?

Er wusste es nicht.

Dann drehte Olaf sich um und kehrte Max sein Hinterteil zu. Er ließ sein Geschlechtsorgan baumeln und stellte sich vor den „Angst"-Leitkegel.

Das Hinterteil steht normalerweise für die unteren Chakren. eines Menschen oder Tieres, und in Kombination mit dem wachsenden Geschlechtsorgan, besonders für das Sakralchakra. Das Sakralchakra steht nämlich in Verbindung mit der Sexualität, Kreativität und dem Gefühlskontakt mit Menschen.

Ein Chakra ist nach indischer Lehre, aber auch in anderen alten Kulturen, eines der sieben Energiezentren spiritueller Kraft im menschlichen Körper. Diese Energiewirbel durchdringen den physischen Körper und verbinden ihn mit dem feinstofflichen Körper des Menschen, dem astralleib.

Ich fragte Max, ob dies Themen wären in seinem Leben, Themen, die ihm eventuell Sorgen bereiteten.

Er reagierte darauf etwas verlegen. Der tiefere Kontakt mit anderen, wäre schon ein Thema. „Vielleicht", sagte er, konnte aber irgendwie nichts weiter dazu sagen. Die Stille war sehr wohltuend für mich und auch für Max, da er sich mehr zu entspannen schien.

Ganz spontan kam die Frage nach seinen Eltern und dem Verhältnis zu ihnen auf. Max hatte den Kontakt wegen Streit mit der Mutter abgebrochen.

Leider hat so ein Kontaktbruch mit einem Teil der Eltern oder Vertrauenspersonen im Leben eines Menschen oft schwerwiegende Konsequenzen und kann viel Einfluss haben auf spätere Kontakte.

Sobald er seine Mutter erwähnte und ein Repräsentant als seine Mutter in den Ring kam, drehte sich plötzlich das Pferd Juan, was schon lange an der Außenseite gestanden hatte, ohne sich zu rühren, um und stellte sich neben Max und die Mutter.

Juan drückte Max' Kopf etwas nach unten, als ob er wieder klein sein durfte und lehnte sich dann gegen seinen Körper, als ob er Max Herzensenergie geben wollte.

Gerührt stand der Max da, bei so viel Liebe und einer so aussagekräftigen Botschaft.

Obwohl er es schwierig fand, schaute er seine Mutter an, die ihm sagte, dass sie sehr unter dem Kontaktabbruch litt.

Sie sagte ihm, dass sie ihn liebe, aber auch ihre eigenen Probleme habe, die ihr im Wege stehen und sie sich deswegen nicht gut äußern könnte.

Die Tränen rollten sowohl bei Max als bei der Mutter über die Wangen.

Ich fragte Max, ob er seine Mutter sieht und sie so akzeptieren könnte, wie sie ist, und ihr die unnötige Last zurückgeben kann. Dies war die Last, die nicht seine Last sein sollte, nämlich ihre eigenen Frustrationen und Hemmungen.

Max machte dies symbolisch mit einem Stein, fühlte die Last, bevor er sie ihr zurückgab.

„Ich möchte mein Leben in Freiheit leben", sagte er.

Bei dieser Intervention, wurde etwas gemacht, was noch nicht geschehen war oder vielleicht nie in der Realität geschehen wird, es änderte aber die Energie und die Absichten, eventuelle Gefühle, unbewusste Gefühle beim Coachee. Diese Worte waren unbedingt wichtig, weil sie eine Intention tragen, die sich hierdurch auch integrieren kann. Bei vielen Fällen bemerkt man tatsächlich eine Veränderung in den Mustern und Überzeugungen, und deshalb auch in den weiteren Kontakten und in der Offenheit zum Kontaktaufbau.

Ohne die am Anfang genannte Angst, den Mangel an Selbstvertrauen, was zum größten Teil aus der Mutterbeziehung stammt, wird Max sich viel leichter wieder mit neuen Herausforderungen in der Musik befassen können.

Dazu erwähnte er Monate später, dass seine Kontakte irgendwie fließender verliefen. Er hätte neue Möglichkeiten bekommen, gerade im Musikbereich, wo man mit vielen Gefühlsmenschen zu tun hat, und er seinen Platz darin jetzt besser finden konnte und neue Projekte auf ihn zukämen!

Ja, gerade dieses verändernde, tiefere und größere Bewusstsein wird der Menschheit in der Zukunft viel bringen.

Wir leben in einer Zeit voller Veränderungen und großen Entwicklungen, wo alte Systeme irgendwie nicht mehr hochgehalten werden können. Alte Strukturen und Denksysteme werden immer mehr infrage gestellt.

Es ist aber auch eine Zeit, in der Geld und Macht sowie alte patriarchale Werte immer noch die steuernden Kräfte in Gesellschaft und Politik sind. Wenn man die Entwicklungen in der Welt betrachtet, sowohl in der nationalen wie regionalen Politik, hat man das Gefühl, dass der einzelne Bürger die Kontrolle über das System verloren hat. Die Menschen sind oft nicht mehr informiert oder fühlen eine Art Frustration bei den Wahlen, weil ja sowieso (denkt man) die großen Organisationen und Koalitionen der Politiker die Entscheidungen treffen. Manche Bürger nehmen nicht mal mehr an den Wahlen teil, organisieren sich eventuell in ein paar „Grassroot"-Bewegungen, die aber formell nichts zu sagen haben.

Wie viel Einfluss hat der Bürger wirklich noch? Wo ist der Idealismus der Politiker? Haben wir alle vergessen, dass der Staat und die Politiker im Dienste des Bürgers stehen sollten? Wo sind die „matriarchalen", empathischen Werte in der Gesellschaft geblieben? Es ist deutlich, dass eine große Distanz zwischen Gesellschaft und

Politiker geschaffen wurde. Was könnte man in dieser Situation ändern? Gerade hier wäre Mediation oder Konfliktvermittlung die Lösung der Zukunft!

Viele Politiker kann man dabei beobachten, dass sie versuchen, Recht zu bekommen und ihren Standpunkt durchzuboxen. Dies ist ein hartes, nicht-empathisches Verfahren, das wir sehr gut im Gerichtssaal wiedererkennen. Es führt zu einer Situation, in der sich selbst der Sieger des Verfahrens nicht wohl fühlt. Es vernachlässigt viele Elemente: soziologische, kommunikations-wissenschaftliche und psychologische Hintergründe!

Ebenso ist es interessant zu sehen, wie Verantwortliche in der Politik es als ihre Aufgabe betrachten, den Bürger von ihrem Standpunkt zu überzeugen; dies ist ja leider das Gegenteil dessen, was Demokratie sein soll! In einer Demokratie geht es darum, miteinander Lösungen zu entwickeln, wobei die Bedürfnisse der Menschen und das Gemeingut betrachtet werden.

Die Hauptfrage bei einem Konflikt ist nämlich die: Was bringt mich zu diesem Standpunkt? Welches Bedürfnis steckt wirklich dahinter? Hiernach bemerken viele Menschen, dass es – trotz unterschiedlicher Standpunkte – einen „Common ground" auf der Bedürfnisebene gibt. Die Aufgabe der Politiker in der Demokratie wäre es, diese Bedürfnisse in die Politik zu tragen und konstruktiv Lösungen auf dieser Basis auszuarbeiten.

Mithilfe der Mediation, Zivilgesellschaft und Empathiebildung in der Gesellschaft könnte man wieder zum eigentlichen Wesen der Demokratie zurückkehren. Mediation ist einerseits ein Prozess, andererseits aber auch ein Werkzeugkoffer mit verschiedenen Kommunikations- und Verhandlungs-instrumenten.

In der Vergangenheit war Bürgerbeteiligung etwas, das eingeführt und besprochen wurde. Danach wurde ohnehin gemacht, was einige wenige Leute für richtig hielten. Dadurch herrscht immer mehr

Resignation bei den Menschen – und ein erheblicher Mangel an Vertrauen.

Mit Mediation oder ziviltechnischen Instrumenten könnte man die Situation für den Bürger verbessern. Es würde einen Rahmen sichern, bei dem alle wichtigen Gesellschaftspunkte und politischen Probleme auf den Tisch gelegt werden und die Wertschätzung gewahrt bleibt. Natürlich sollte dieses Thema auch schon in der Schule und bei allen Ausbildungen besprochen werden. Der Bürger soll ja mündig und informiert sein!

Es wäre eine ausgezeichnete Sache, wenn Versammlungen und Ausschüsse öffentlich wären, keine nicht öffentlichen Sitzungen mehr, sondern öffentliche Bürgerausschuss-Sitzungen. Zuerst würden vielleicht nur ein paar Bürger anwesend sein, aber wenn die Menschen fühlen, dass es eine ehrliche Möglichkeit ist, sich einzubringen, um die Gemeinde mitzugestalten und dass man auch ernst genommen wird, würde sich ein Sitzungssaal sehr schnell füllen und Vertrauen würde wiederaufgebaut werden!

Eine weitere Hauptfrage wäre immer wieder: „Was ist dem Bürger wichtig?" Und der Politiker würde erstmals zuhören und später ermächtigt, den ganzen Prozess weiter zu begleiten. Das Bewusstsein der Menschen würde wachsen, die Herausforderungen in der Gesellschaft auch. Die Mediation würde in diesem Prozess zweifellos neue Wege zu mehr Gerechtigkeit in der Gesellschaft öffnen!

Mangel an Empathie-Entwicklung in der Bildung: „Da kommt eine Lawine auf uns zu."

Wunderbares Wetter, und da mache ich natürlich gerne einen Ausritt auf meinem Pferd Olaf durch die Clape-Natur. Ganz plötzlich fährt ein Radler ganz nah und mit hoher Geschwindigkeit an meinem Pferd vorbei. Es erschrickt, springt einen Moment unkontrolliert zur Seite, und der Radler fährt ohne Emotionen weiter.

Diese Szenen kommen oft vor, sowohl bei Erwachsenen als bei Kindern. Kinder, die absichtlich Bälle werfen und sich nicht darum kümmern, wie ein Tier reagieren wird und andere Phänomene, in denen ein Mangel an Empathie gezeigt wird (z. B. auch Mobbing in der Klasse) sind Situationen, wo Kinder ihre Frustrationen ausleben. Sie wurden nicht dazu angehalten, über die Gefühle eines anderen nachzudenken, sie in andere hineinzuversetzen. Später im Berufsleben setzen sie dieses Verhalten fort.

Konflikte zwischen Kindern gibt es immer. Aber wie viele haben gelernt, wie man einen Konflikt oder ein Missverständnis aus der Welt schafft und die Beziehung dabei verbessert?

Eine weitere wichtige Frage: Wie viele persönlichkeitsbildende Fächer gibt es in der Schule? Fächer, in denen man langsam und nicht nur auf Verstandesebene, sondern auch auf Gefühlsebene, entdeckt, wer man ist, seine Talente und Schwächen kennen lernt, sie nicht als absolut erkennt, sondern als Eigenschaften, die sich immer verändern können. Auch dass man lernt, die positiven und die Schattenseiten beide zu umarmen. Dies gibt jedem einzelnen Kind die richtigen Impulse und stärkt sein Selbstbewusstsein.

Interessant ist auch, dass man in Amerika bei Kindern nachgefragt hat, wo die Milch herkommt. Sie werden staunen, aber die meisten denken wirklich, die Milch komme ja vom Supermarkt. Wir haben, gerade in diesen gesellschaftlichen Systemen wie dem Schulsystem, den Bezug zur Natur verloren, den Bezug zum eigenen Gefühl und dabei auch den Bezug zu einem anderen Menschen vergessen.

Und noch etwas Faszinierendes – stellen Sie sich mal die Frage: „Wie viel haben Sie aus Ihrer Schulzeit genau behalten?" Sie werden sehen, dass dies meistens die Fächer waren, in denen Sie Begeisterung oder Motivation durch Neugier oder Interesse spürten. Das Gelernte hat eigentlich nur einen Wert, wenn es mit Leidenschaft und Begeisterung aufgenommen wurde.

Diese Leidenschaft ist meistens nicht da, was man daran sieht, wie viele Schüler nicht motiviert sind. Ein Teil der Schüler bricht die Schule vorzeitig ab und schafft keinen Abiturabschluss.[9]

Dazu kommt noch ein anderer Punkt: Wie viele Programme gibt es in der Schule wirklich, um emotionale Intelligenz zu entwickeln? Wo wird die Empathie, das Mitgefühl eigentlich gebildet? Bildung ist doch nur die eine Hälfte, in der das Gehirn mit Thesen und Theorien gefüttert wird. Aber das Körpergefühl, die Sensibilität, eben auch die Empathie erfährt überhaupt keine Bildung. Wir können diese Herausforderung nicht nur der Politik überlassen. Das ist etwas, wofür wir alle Verantwortung tragen. Die sogenannte Verantwortungselite für Bildung sollte mit dem Bürger in Verbindung stehen und diese neuen Forderungen und Ideen implementieren.

Eine Studie über die Empathie-Entwicklung bei Kindern sagt Folgendes:[10]

„Wir stellen immer mehr fest, dass Kinder sich nicht mehr ausreichend in andere einfühlen können", sagte Dr. Brisch, leitender Oberarzt an der Kinder- und Poliklinik der Ludwig-Maximilian-Universität München. Dies werde sich voraussichtlich in den

---

9   Westfälische Nachrichten, SchulTüV, Wieviele schaffen welchen Abschluss, publ.14.04.2011

10   „Empathie durch Babywatching" Karl Heinz Brisch, www.khbrisch.de

nächsten Jahren noch verschlechtern. „Da kommt eine Lawine auf uns zu."

Gründe seien große Krippen- und Kita-Gruppen, gewachsene Ansprüche, mehr Aufgaben für die Erzieher und viele Kinder mit Sprachproblemen. Viele Kinder würden auch schon wenige Wochen nach der Geburt in Krippen mit zu wenigen Erziehern betreut.

Empathie sei „etwas menschlich sehr Notwendiges, sonst können wir keine dauerhaften, befriedigenden Beziehungen eingehen, weder mit Freunden und Partnern, noch später mit Kindern", sagte Dr. Brisch.

Normalerweise lernten Kinder Empathie bei ihren Eltern und in guten Bindungsbeziehungen. Ansonsten drohten „große Schwierigkeiten in der Schule und mit ihren Klassenkameraden und überall."

Untersuchungen in Österreich mit 250 Grundschulkindern und in Kindergruppen in München hätten zu den gleichen Ergebnissen geführt, laut Dr. Brisch.

Auch diese Studie zeigt, wie wertvoll es ist, Kinder mit der Natur, Tieren oder verletzlichen Menschen wie Säuglingen in Kontakt zu bringen. Sie kommen dadurch wirklich in Kontakt mit ihrem Gefühl und lernen dabei, sich in den anderen einzufühlen, zu kommunizieren und auch, wie viel man mit Liebe und Geduld erreichen kann. Ein Manager der mit seinem Gefühl verbunden ist, wirkt authentischer und integer, und hat einen besseren Kontakt zu seinem Team. Ein Unternehmen mit zufriedenen Mitarbeitern, in dem die Kommunikation und Atmosphäre geschätzt werden, erzielt im Allgemeinen bessere Ergebnisse.

Empathie ist eine Eigenschaft, die natürlich nur möglich ist, wenn der Mensch auch Empathie hat für sich selbst und wenn er nicht ständig um seinen Selbstwert kämpfen muss.

Ein Führungskraft, der unbewusst an sich selbst zweifelt, kann nie sein volles Potenzial nutzen und bangt immer um seine Existenz und Position. Wenn ein Mensch ständig unbewusst daran denkt, welchen Eindruck er hinterlässt und ob er genug Autorität hat, bestimmt dies sein Verhalten. Er wird ständig Angst haben zu versagen, und die Unsicherheit mit einer unauthentischen oder autoritären Haltung kompensieren. Wer kennt nicht den typisch launischen oder tyrannischen Chef, der sich passiv agressiv benimmt, und wobei der Mitarbeiter nie wirklich weiss, was im Hintergrund spielt? Gleichzeitig realisiert der Chef nicht, wie es den Mitarbeitern geht.

Die Kraft liegt aber gerade in der Verletzlichkeit, in einer offenen ehrlichen Art zu kommunizieren, in der man auch mal Schwächen oder Fehlern zugeben kann.

Ein Manager mit Selbstwert steht zu seinen Stärken und Schwächen und braucht keine Maske um sich bei den Mitarbeitern gelten zu lassen!

Auch ein Team funktioniert optimaler, wenn der Chef positiv kommuniziert, seine eigenen Grenzen kennt, und Empathie zeigt, und sich nicht durch Frustrationen oder Projektionen führen lässt.

Außerdem ist ein Mensch mit gesundem Selbstbewusstsein und kommunikativen Fähigkeiten weniger Burnout-gefährdet, und hat automatisch mehr Vertrauen in die Menschen in seiner Umgebung. Gerade durch Anerkennung und Vertrauen wird das Beste in jedem Menschen, in jedem Team, ans Licht gerufen!

Wie Pferde auf Selbstliebe reagieren

Johann, ein Junge von 14 Jahren, wurde von seiner Mutter zum systemischen Coaching mit Pferden mitgenommen. Seine Mutter beklagte seine Konzentrationsschwierigkeiten in der Schule und seinen Mangel an Selbstbewusstsein. Er wäre schon bei einem Kinderpsychologen gewesen, der viel mit ihm redete über seine Interessen, seine Ängste, nur schien der Junge sich nicht besser zu fühlen dabei. Als Experiment wurde ihm das Coaching empfohlen, auch weil die natürliche Umgebung ihm Ruhe geben würde.

Das Pferd stand alleine im Ring, und der Junge durfte seinen Platz dort einnehmen. Zuvor hatte er gesagt, dass er schon etwas Angst vor dem Pferd hätte. Er konnte das Pferd in Begleitung des Coaches im Stall erst mal streicheln und bürsten. Als er sah, dass das Pferd ganz ruhig blieb und nur etwas an ihm schnupperte und kurz seine Hand leckte, wurde er auch entspannter und lächelte beim Kontakt mit dem weichen Fell und der zarten Nase des Pferdes.

Im Ring blieb das Pferd etwas weiter weg von ihm. Ich fragte ihn, was er dabei spürte, ob er dabei etwas wiedererkennen würde.

„Das Pferd steht dort alleine."

„Und du?", fragte ich.

„Ich bin auch oft alleine", sagte er, „ich habe nicht viele Freunde, die bleiben mir auch fern, wie das Pferd." Johann identifizierte das Pferd gefühlsmäßig und spontan mit einem eventuellen Freund.

In solcher Situation ist die Erfahrung, dass das Pferd dann auch die Energie des sogenannten Freundes annimmt. Ich ließ Johann nochmal dieses Gefühl der Einsamkeit durchleben und es richtig anzuschauen dieses „nicht gut genug zu sein".

Johann schaute verletzt und traurig.

Dann fragte ich ihn, was er gerne mache, wobei er sich am besten fühle.

„Wenn ich meine Sudokus mache und meine Modellschiffe zusammenbaue."

Ich bat ihn, seine Augen zu schließen und sich ganz an dieses Gefühl zu erinnern, wie stolz und glücklich ihn das machte und dabei zu visualisieren, dass diese Freude an seinen eigenen Fähigkeiten wie ein warmes Licht in ihm selbst zu visualisieren.

Johann machte dies, und nach ein paar Sekunden lief das Pferd direkt auf ihn zu und stand vor ihm, mit seiner Nase auf seinem Bauch.

Johann öffnete seine Augen und strahlte. Er hatte jetzt wirklich erlebt, wie es war, Selbstliebe zu spüren und welchen Effekt dies auf das Pferd, seinen Freund oder seine Umgebung haben konnte!

Eine einfache Übung, die er auch im täglichen Leben machen konnte. Ein gesundes Selbstbewusstsein zieht Menschen an, besonders diejenigen, die auch die gleichen Interessen teilen. Ein erster Schritt zu einem mehr erfüllten Leben.

Dies ist ein Beispiel, wie gut Tiere im therapeutischen Coaching oder in pädagogischen Programmen eingesetzt werden können und sie Kindern in ihrer Entwicklung helfen, mehr zu einem ausbalancierten Menschen zu werden und dadurch ebenfalls verantwortungsvolle Bürger, die ans allgemeine Wohlbefinden aller Menschen denken und vermehrt nachhaltig denkende und arbeitende Politiker wählen!

Eine kleine Übung für Sie, mal ohne Pferde:

Machen Sie es sich bequem; atmen Sie tief durch, und stellen Sie sich direkt über Ihrem Kopf einen Lichtstrahl vor, der in Ihren Scheitelpunkt eindringt, und Ihren ganzen Körper mit weißem

Licht und Energie erfüllt. Versuchen Sie dieses Licht des universellen Bewusstseins tief in sich wahrzunehmen, seine Wärme und Farbe. Dieses Licht wird Sie stärken. Machen Sie das gleiche mit blaufarbigem Licht, das Ihr Selbstglaube darstellt.

Wenn Sie völlig entspannt sind, visualisieren Sie die Situationen, die Ihnen ein Glücksgefühl vermitteln. Spüren Sie die Atmosphäre, die Menschen, die Umgebung, den Geruch, die Geräusche und nehmen Sie jedes Detail in sich auf und versuchen Sie gleichzeitig das Gefühl so lange wie möglich fest zu halten.

Manchmal kommen sogar Ideen auf, die Ihnen weiterhelfen.

Diese Übung hilft bei Leistungsdruck und Unsicherheit in einer bevorstehenden Situation. Sie werden sehen, dass Sie nach diesen paar Minuten mehr Ruhe und Selbstsicherheit ausstrahlen werden.

Das große Feld; Pferde zeigen uns Tendenzen und Energie in der heutigen Gesellschaft

In diesem Kapitel möchte ich mich gerne mit der Verbindung auf Makro-Niveau befassen; die Verbindung in der Gesellschaft und die wichtige Rolle der Natur und der Pferde.

Beim Ausarbeiten einer gesellschaftlichen Frage standen wir mit ein paar KollegInnen im Feld. Ein weiblicher systemischer Coach mit Pferden hatte ihren Kollegen (ein Schamane) zu einer Zusammenarbeit eingeladen. Beim Coaching oder der systemischen Arbeit mit Pferden kann man eine bestimmte Frage aufbringen; es gibt aber nur eine Person, die die Frage stellt. Im Laufe des Coachingprozesses können von den Pferden besonders die Elemente oder Situationen gezeigt werden, die in diesem Moment am wichtigsten sind; die sogenannte Frage hinter der Frage. Erfahrungsgemäß zeigen Pferde nur dasjenige, was jetzt am wichtigsten ist für die betreffende Person; oft berührt es systemische Ursachen.

Wenn eine Person zum Beispiel mit der Frage arbeiten möchte: „Wie verdiene ich mehr Geld in meinem Job?", kann es sein – und dies ist meistens der Fall – dass die Pferde dieser Person zuerst zeigen werden, wo ihre eventuellen Blockaden liegen. Dies könnten beschränkende Gedanken sein, die der Coachee unbewusst von seiner Mutter oder seinem Vater übernommen hat; hieran wird dann natürlich zuerst gearbeitet.

Wenn man eine bestimmte systemische Gegebenheit durchgearbeitet hat, kann man auch weitermachen. Die Pferde werden aber nie aufhören, zu arbeiten und wenn ein Punkt erreicht wird, wo der Coachee sein Hauptthema in der Gegenwart (auch emotional) durchlebt hat, sollte man ihm erst mal die notwendige Zeit zur Verarbeitung erst mal zugestehen.

Im genannten Fall war die Frage viel weitreichender. Es ging nämlich um die die heutige Situation in der Gesellschaft, welche Kräfte in Gang gesetzt und welche vernachlässigt werden. Ich weiß, dass man beim Wort Schamanismus an okkulte Sachen denkt, an Zauberei und Ungreifbares. Schamanismus ist so alt wie die Menschheit und insbesondere sehr verbunden mit der Natur. Schamanen gehen von der logischen Verbundenheit zwischen den Menschen und Tieren aus. Hier bei können persönliche oder gesellschaftliche Fragen ausgearbeitet und in einem Feld symbolisch dargestellt werden, wo jeder spontan und intuitiv eine bestimmte Rolle übernehmen kann; man folgt dabei seinem Bauch- oder Körpergefühl. Im Bauch steckt mehr Weisheit, als man ahnt. Diese Methode wird heutzutage sogar immer mehr bei Unternehmensfragen eingesetzt und das mit Erfolg, weil es unsichtbare Kräfte und die Dynamik einer Organisation offenlegt und neue Möglichkeiten bietet. Wissenschaftliche Studien bestätigen, dass alles Energie und Schwingung ist. Unsere Energie ist mess- und aufschlüsselbar. Seit einiger Zeit haben Biologen ein energetisches Urmuster erkannt für Menschen, Tiere, Pflanzen und sogar tote Materialien wie Steine. Es gibt aber auch Mentalenergie, die nicht durch ein Laborbefund sichtbar gemacht werden kann. Stattdessen ist das Ergebnis, die Schwingung, die aus der Interaktion mit anderen Menschen entstanden ist, wohl erkennbar. [11]

Sobald wir alle einen Platz im Feld aufgesucht hatten, kamen die Pferde angerannt. Das Timing war perfekt; in dem Moment hatten wir alle erst bewusst ein- und ausgeatmet und konnten unserem Körpergefühl oder unserer Intuition folgen.

Die Pferde zeigten eine turbulente Situation und kamen mit einer Art Kampfgeist hinein. Nur die Stute, die ganz deutlich für das „weibliche, die Soft Skills"-Element in der Gesellschaft stand (Ein-

---

11   Wiener Zeitung „Schamanen als Firmenseelenheiler", 11.02.2013

fühlungsvermögen, Verbindung und Liebe) stellte sich auf den Hügel neben dem Ring und schien die ganze Szene zu überschauen und zu dominieren; danach gesellte sie sich zu den anderen Pferden, die im Ring liefen oder standen. Auch die Teilnehmer sollten einfach ihrem Körpergefühl nachgehen und sich dorthin begeben, wohin sie sich gezogen fühlten.

Die Stuten standen verteilt in der Mitte, die Wallache ebenso; es ergab sich eine konfuse Situation, wo die Teilnehmer manchmal in die östliche Richtung getrieben wurden. (der Osten, Windrichtung des Handelns) aber doch wieder in Diskussionen im Norden (Gedanken, Vernunft) und im Westen festgehalten wurden.

Eine Frau im Nord-Westen fühlte sich schwach und musste sich hinsetzen, um den ständigen Lauf von Gedanken mit dem Gefühl ausbalancieren zu können.

„Lass diese Gedanken los", sagte der Schamane, „und höre auf das Innere, auf deinen Bauch, der die Quelle der Kreativität ist, noch vor dem Verstand."

Inzwischen lief der männliche Teilnehmer vom Norden zur Mitte und tanzte wie ein Clown, seine Bewegungen wurden aber extrem spastisch, wie eine Zwangsneurose, und es endete damit, dass er zu Boden stürzte und sich beruhigen musste.

Die Frau, die die ganze Zeit im südlichen Teil stand (die Sensibilität) war abwesend, wurde nicht beachtet, und als sie irritiert weglaufen wollte, aus dem Feld, fingen die anderen Frauen an, auf sie einzureden: „Du hast Unrecht, du musst dich fügen. Es ist nicht wahr."

Kurz danach bekam der männliche Schamane eine Auseinandersetzung mit dem weiblichen Pferdecoach, der den Prozess begleitete: „Du ziehst das Wohl der Pferde nicht in Betracht – du machst alles auf deine Weise! Du hast mich aus meinem Rhythmus gebracht: Ich habe meine eigene Art zu arbeiten!"

Der Schamane hörte aber nicht auf sie und fuhr weiter damit, den Leuten zu sagen, was sie im Feld zu machen hätten. Die Auseinandersetzung eskalierte so sehr, dass der Schamane aus dem Feld lief und nicht mehr teilnehmen wollte. Jeder schaute bestürzt; man sah die Bedeutung dieses Schamanenkreises nicht mehr und beschloss, dass man einfach mal Pause machen müsse, um das Ganze aufs Neue zu machen.

Erst später realisierte man, dass dies alles Teil der Arbeit im großen Feld war, und nur symbolisch die Kräfte zeigte, die in der heutigen Zeit aktiv sind; welche Tendenzen es gibt und wie man die Disharmonie in diesem Feld lösen konnte. Das große Feld stellt die Gesellschaft, die Welt oder sogar die Welt der Lebenden und Toten dar. Im großen Ganzen gibt es keine Grenzen und ist alles miteinander verbunden.

Intuitiv hatte sich am Ende eine Gruppe Männer im Osten (das menschliche Handeln, die Tatkraft) gebildet. Sie standen in einer Reihe zusammen. Die Damen redeten miteinander in einem Kreis, wobei eine sagte: „Wir müssen zu den Männern, um diese Spaltung aufzuheben." Dabei wurde aber wieder diskutiert unter den Damen. „Nein, ich gehe nicht, dafür fühle ich mich zu gut, nicht verstanden, usw. ...".

Nach einigen Minuten kam der Schamane zurück und entschuldigte sich. Er hätte einfach die Session so gemacht und gearbeitet, wie er immer arbeitete; so waren nun mal die Regeln, die Protokolle im Schamanenbereich.

Das gleichzeitige Arbeiten mit Pferden und einer anderen Person war er nicht gewohnt.

„Du machst immer alles auf deine Weise", sagte die Coachin dieses Mal ruhiger, „aber du lässt mich nicht mit meiner Methode dazwischen! Du ziehst nicht die Sensibilität der Pferde und Leute in Betracht!"

„Es tut mir leid", sagte der Schamane.

Eine große Stille folgte, sogar in der Natur war einen Moment nichts zu hören. Der Schamane stellte sich zu den Herren, die ohne etwas zu sagen, neben ihm standen. Die Damen mit dem weiblichen Coach vorne befanden sich einige Schritte von der Herrengruppe entfernt.

Es änderte sich fühlbar etwas, als sich plötzlich erst der Schamane, dann der Rest der Herrengruppe vor den Damen verbeugten. Es war ein fast magischer Moment, und eine Welle der Emotion ging durch die Gruppe. Die Damen waren zu Tränen gerührt, als die Herren vor ihnen verbeugt blieben, als ob alle Missverständnisse keine Wichtigkeit mehr hatten und die kreative sensible Kraft des Weiblichen im bestehenden Feld geehrt und integriert wurde.

Hiernach fühlten die Damen intuitiv, dass sie auch den Raum hatten, sich aus Respekt für die Männergruppe zu verbeugen. Bei dieser Szene stand die ältere Stute plötzlich neben uns und die anderen Pferde ruhig verteilt im Feld. Das Spüren einer neuen Harmonie ist etwas sehr Belebendes. Worte sind dann überflüssig.

Wenn die männliche, assertive, gestaltende Kraft in der Gesellschaft mit der weiblichen verbunden wird, ergeben sich ganz neue Möglichkeiten: Management mit Einfühlsamkeit, Protokolle mit Kommunikation, Technik mit Kreativität, digitale Systeme mit Menschlichkeit, und ohne Zweifel eine bessere freudvollere Welt mit mehr Gerechtigkeit und Nachhaltigkeit.

Ruhe

Die Unternehmensfeier war voll im Gange; man hatte sich schon schöne Feiertage gewünscht, und das ganze Team genoss ein herrliches festliches Abendessen. Sogar der introvertierte Walter hatte sich später mit seiner Freundin an dem Tanzabend beteiligt.

Die stressvolle Atmosphäre, die es mal im Unternehmen gegeben hatte, mit einzelnen Gruppen, die sich nicht leiden konnten, war verschwunden. Das Gespräch am Tisch war belebt gewesen, es hatten sich neue Kontakte gebildet und die Krankenabsenz war in den letzten Monaten ganz allgemeinen zurückgegangen.

Stephan stand auf der Terrasse mit seiner Frau und beide schauten sich den Park und die Lichter in der Ferne an. Ein Duft von Herbstblättern und Fichten lag in der Luft.

Stephan fühlte sich viel entspannter als früher; er hatte gelernt zu delegieren und Vertrauen in die Mitglieder seines Teams zu haben. Er hatte gelernt, sich mehr mit den Menschen statt mit den Prozessen zu beschäftigen; manchmal führte er spontan ein freundliches, lockeres Gespräch mit den Mitarbeitern und zeigte persönliches Interesse an ihnen. Er hatte eine neue interessante Welt damit kennengelernt. Der eine Kollege, der genauso wie er das Meer liebte und sich für Bootstechnik interessierte; die Mitarbeiterin, die ein besonderes Talent zum Konzipieren für Design und neue Broschüren hatte.

Und als es mal Probleme mit Lieferungen gab, wurde der Fehler offen in der Abteilung besprochen und aktiv geschaut, wie man es in Zukunft optimaler machen konnte.

So betrieben sie auch mal Gedankenaustausch über Ideen, die man später implementieren könnte, und sie saßen dabei zusammen in der entspannten Atmosphäre eines Kaminfeuers.

Dunkel und Licht

Die Welt schien plötzlich leer; könnte man nur die Zeit zurückdrehen und das Geschehene auslöschen, als wäre es nicht passiert! Im März dieses Jahres hörte es nicht auf zu regnen in Südfrankreich. Die Unterstände waren überschwemmt, weil das Wasser einfach nicht ablaufen konnte mit der unglaublichen Menge an Wasser. Ich versuchte die Pferde Quieto und Juan, Olaf regelmäßig aufs Trockene zu stellen, aber sogar die Spielwiese war ein großes Schwimmbecken mit nur ein paar trockenen Fleckchen.

Zum Glück bekamen die Jungs etwas mehr Gras, während des Ausrittes und konnten dann wenigstens ihre Füße trocknen. Quieto, der Älteste, schien etwas müde von dem Wetter und war einfach nur froh, durch unsere abendlichen Ausritte etwas heraus zu kommen. Ich musste dann ein paar Tage weg. Eines Tages informierte man mich, dass Quieto aus seinem Laufstall ausgebrochen war. Er wäre mit den anderen wilden Pferden im Hintergelände mitgelaufen und würde noch etwas Gras knabbern mit ihnen.

Der Ranchbesitzer gönnte ihm den Ausflug und wollte ihn abends wieder in seinen Stall zurückbringen. Juan war ruhig dortgeblieben und hatte scheinbar keine Lust gehabt mitzugehen.

Ich wurde etwas nervös am Abend. Es wurde ja schon dunkel, und ich fühle mich wohler, wenn ich weiß, wo die Pferde sich befinden. Ich rief die Ranchbesitzerin an.

„Ja", sagte sie fröhlich, „ich werde ihn schon suchen."

Lange Zeit hörte ich nichts; nach zwei Stunden erst erhielt ich die schreckliche Nachricht, dass man ihn gefunden hatte. Er lag wie ein schlafendes Märchenpferd im Gras, aber das Leben war aus ihm verschwunden; er hatte sich scheinbar ein Fleckchen ausgesucht, um in Ruhe zu sterben – zwischen Oliven und Birkenbäumen, im sanften Gras, wo kein Wasser war. Mein Freundchen ..., 12 Jahre lang ... war nun nicht mehr da.

Es war eine schreckliche Wahrheit, die ich noch lange Zeit danach verkraften musste.

Drei Monate später folgte ihm sein lebenslustiges Freundchen Juan. Er wurde bei einem Gewitter vom Blitz getroffen. Gerade in dem Unterstand, wo normalerweise Olaf untergebracht war. Hatte er seinen Platz eingenommen, um ihn zu beschützen, um ihm die Gelegenheit zu geben, meine ganze Aufmerksamkeit zu bekommen und mehr Erfahrungen, mit mir teilen zu können.? Als ich des Gewitters in Panik zu Juan rannte, der neben dem Baum auf dem Boden lag, stand Olaf vor mir, zitternd, und schaute mich mit fragenden Augen an.

Die Welt schien nicht mehr die gleiche. Immer wenn ich jetzt gelbe Forsythien sehe, denke ich an die beiden fröhlichen weißen Kameraden, von denen ich so viel gelernt hatte und die mir die ersten erstaunlichen Ergebnisse des systemischen Coachings gezeigt hatten.

An einem Abend saß ich bei dem Stall der beiden im Gras. Es war ein sonniger Tag, und alles war wieder trocken; kleine Vögel und Schmetterlinge sah man jetzt überall. Der Gedanke an die beiden war wieder sehr stark, und in der Ruhe des Nachmittags kamen plötzlich Worte zu mir:

„Energie geht nie verloren, und wir sind immer noch da ...– wir sind so glücklich, dass wir beim systemischen Coaching und in deinem Lebensbereich schon etwas helfen konnten. Dies ist nur der Anfang! Es gibt aber noch so viel mehr, was wir für euch Menschen tun können; ihr habt noch längst nicht alles entdeckt, bei dem wir Pferde euch weiterhelfen können!

Wenn ihr mehr auf euer Gefühl achtet und ein Auge entwickelt für Tiere und die Natur, werden sich ganz neue Möglichkeiten entfalten! Fokussieren mit Verstand und Gefühl, das ist wichtig; Vertrauen und bedingungslose Liebe, damit wird es Raum geben, dass sich ganz Neues entfalten kann."

Mir wurde warm ums Herz. Ich dankte den beiden Freunden und sah über mir hoch am Himmel einen majestätisch großen Adler kreisen ...

Bibliographie

Areford, David: The Art of Empathy, D Giles Ltd, 2013.

Botbol, Dr Michel/Garret-Gloanec, Nicole: L'empathie au carrefour des sciences et de la clinique: Colloque de Cerisy, Doin, 2014.

Bloom, Paul: Against Empathy, Ecco Press, 2016.

Brenninkmeijer, Alex/Bonnkamp, Dick/van Oven, Karen/Prein, Hugo: Handboek mediation, Sdu Uitgevers, 2016.

Chakrabarti, Shantanu: Searching for Non-Western Roots of Conflict Resolution: Discourses, Norms and Case-Studies, K W Publishers Pvt Ltd, 2013.

Christians, Clifford/Traber, Michael: Communication Ethics and Universal Values, Sage Publications, 1997.

Eidelberg, Ludwig: Das Gesicht hinter der Maske, Hippokrates Verlag, Stuttgart, 1948

van Gestel-van der Schel, Nanda: Het paard als spiegel van de ziel, Rozhanitsa, 2009.

Hallberg, Leif: The Clinical Practice of Equine-Assisted Therapy: Including Horses in Human Healthcare, Routledge, 2017.

Jandt, Fred E.: An Introduction to Intercultural Communication: Identities in a Global Community, Sage Publications, 2004.

Juba, Brendan: Universal Semantic Communication, Springer Verlag Berlin-Heidelberg, 2011.

M.A, Schonewille, Toolkit Mediation, Boom Lemma,2005

Kirby, Meg: An introduction to Equine-Assisted Psychotherapy, Balboa Press Australia, 2016

Knaapen, Ruud: Coachen met paarden, Uitgeverij Boom/Nelissen, 2012.

Konir, Gerhard: Pferdegestütztes Coaching, Books on Demand, 2012.

Lemstra, Boudewijn: Eerste hulp bij organisatievraagstukken: de mogelijkheden van systemisch werken in bedrijf en organisatie, Brave New Books, 2016.

Mai, Nguyen-Phuong: Intercultural Communication: an Interdiciplinary Approach, when Neurons, Genes and Evolution joined the Discourse, AUP, 2017.

Ramsbotham, Oliver/Woodhouse, Tom/Miall, Hugh: Contemporary Conflict Resolution, Polity Press, 2011.

Sart, Gamze: Emotional Intelligence in Peace and Conflict Resolution Education: Developing Peace Cultyure by Improving Emotional Intelligence, LAP Lambert Academic Publishing, 2012.

Schafer, Svenja: Unterrichtskonzept zum Thema Empathiebildung mithilfe des Films ‚Davids wundersame Welt', Grim Verlag, 2016.

Schonewille, M.A.: Toolkit Mediation, Boom Lemma Uitgevers, 2012.

Subramanian, Dilip/Zommermann, Bénédicte: Voice in French corporate training: A critical issue in developing employee capability, SAGE Pub, 2017.

Trujillo, Mary Adams; Re-Centering Culture and Knowledge in Conflict Resolution Practice: Culture and Knowledge in Conflict Resolution Practice, Syracuse University Press, 2008.

Veenbaas, Wibe/Goudswaard, Joke/Verschuren, Henne Arnout: De maskermaker: systemisch Werk en de Karakterstructuren, Van Phoenix Opleidingen Utrecht, 2015.

Volcic, Zala/Prof. Gallois, Cindy/Dr. Liu, Shuang: Introducing Intercultural Communication: Globl Cultures and Contexts, Sage Publications, 2010.

Notizen:

WOMEN'S SPRINGBOARD🦵

Women's Springboard ist Netzwerk UND Verlag für Expertinnen. Die Vision von Women's Springboard ist, dass jeder Mensch respektiert und gleich behandelt wird auf der ganzen Welt. Women's Springboard inspiriert Expertinnen auf ihrem Gebiet, damit sie ihre Erfahrungen in die Welt bringen, ihren Einfluss geltend machen, ihre Erkenntnisse teilen und ihren Platz in der Welt selbstbewusst einnehmen.

Aktuelle Informationen und Termine im Internet:
https://womensspringboard.de

Direkter Kontakt per E-Mail:
publish@womensspringboard.de